ドンマイ ドンマイッ!

プロレスラー三沢からのメッセージ

三沢光晴

ミシマ社

目次

2005 3

2006 19

2007 115

2008 185

2009 241

解説　香山リカ　247

本書は、プロレスリング・ノア携帯公式サイト『プロレス/格闘技DX』(運営:ジグノシステムジャパン株式会社)の「ノア航海日誌」・「ドンマイ ドンマイッ」(2005年11月4日〜2008年9月19日)の連載分および「水曜コラム」(2007年1月3日、2009年1月1日)を掲載したものです。ただし本文中の太字は編集部のほうで選択したもので、著者によるものではありません。

撮影(p171, p246)
プロレス/格闘技DX 平木太郎

協力
株式会社グリーンシップ
株式会社プロレスリング・ノア

2005

はじめまして、三沢です。日記のタイトルは「ドンマイッ」。俺ももちろんだけど、この日記を見ていてくれる人も毎日いろいろあって、落ち込むこともあるだろうし、周りに落ち込んでいる人もいるかもしれない。だからといっていつまでも落ち込んでばかりはいられないから、自分自身や落ち込んだり悩んだりしている友だちに「ドンマイッ」って言えるような前向きさを忘れないでいたいなということでつけたタイトルです。日記はタイトルから離れることもあるけれど、それもまた「ドンマイッ」ってことで。

　それではまずは第1回。10月ツアーは長かった！ 8日に後楽園ホールで開幕をして、通い（日帰り）の会場が続いたと思ったら、15日のディファ有明大会終了後いよいよ巡業に出発！ 巡業は"いろいろなところに行けてよいなぁ"と思う人もいるかもしれないけれど、これが皆さんが思っているよりゼッタイにハード。

　朝10時にホテルチェックアウト⇒ひたすらバスに乗って移動してお昼過ぎに体育館到着⇒練習&試合⇒22時過ぎにホテルに戻って、若い選手は洗濯とか用事を済ませて23時くらいから食事⇒気持ちの切り替えが必要だとはいえ、翌日が試合だったら早々に解散してホテルに戻って⇒翌日はまた10時に出発……。

　大会を主要都市に限ったほうがよいのでは？ という意見を聞いたりすることもあるのは事実だけれど、お客さんのみんながみんな遠くまで出かけられるとは限らないし、**お年寄りや子どもさんが楽しみに待っていてくれるのは嬉しいことだから、やっぱりできるかぎりどこの町にも行きたい**という方針は変

わらないと思う。

　で、そんなこんなで出発から2週間、まったく東京に戻らないまま28日の大阪大会。この日記が出る頃には試合のことは皆さんよく知っていると思うので省略するとして、大阪大会が終わって翌日の夕方東京に戻ったと思ったら、2日休んで1日は一日じゅう大忙し。この日イチバンのトピックは六本木ヒルズ! まだ行ったことのない人もいると思うけれど、なんであんなに複雑なのかなぁ?? 目標に向かって矢印の通り歩いているつもりがいきなり目の前が壁になって、「突き当たりかな?」と思ったら脇に細い通路があったり……。あれは初めての人はかなり迷っていると思うけれど、どうなんだろう……??

　で、なんで六本木ヒルズに行ったのかというと、2日〜4日まで放送されるJ-WAVEの「CHALLENGE SPORTS」という番組の収録と「Yahoo!」のライブトークに出演するため。「CHALLENGE SPORTS」は毎週月曜〜金曜の朝5時スタートという、正直言って聞くにはかなりつらい時間だけれど、「スポーツから元気をもらって一日をはじめよう!」という趣旨の番組で、今回は武道館の見所について語らせてもらいました。

　そこで困ったのが「曲のリクエストをしてください」と言われて、最近の曲を全然知らなかったこと……。「これはいかん」と思ったものの、やっぱり出てこない……、で、搾り出した言葉が「あの……曲のタイトルとか知らないんですけれど……藤井隆さんの新曲で2〜3日前に出た……」。このリクエストっていろんな意味でどうなんだろう?? でも意外と(失礼!)よい曲だと思うので、やっぱりリクエストをさせていただきました。

　さて、1時間のラジオ収録を終えて、そのまま同じ六本木ヒ

ルズの中にあるYahoo!へ移動。説明を聞いたときは「30分のチャット〜〜〜??」って思ったけれど、これがまたあっという間。「本当に生放送ですか?」っていう質問も来ましたが、正真正銘の生放送でしたから、終わって六本木ヒルズを出て……すでに22時半。

いつもならココで終わる一日がこの日はまだまだ続きます。翌日に京都で「ザ!鉄腕DASH!!」のロケがあって、翌日は6時30分の新幹線に乗る、そんなの絶対ムリ!ということで、東京駅のホテルにスタッフの皆さんと宿泊。食事を兼ねて打ち合わせをして、ちょっと横になったと思ったらもう朝。福田が5時30分にモーニングコールをしてくれたときにはちゃんと起きていたから(というよりも5時には目が覚めていたのだけれど……)、我ながら頑張ったかな。

で、ココから2日が始まるのですが、「ザ!鉄腕DASH!!」は見てのお楽しみ(放送日は決まり次第お知らせします)。東京に戻ってきたのは21時半で本当に長い一日だった!

そして土曜日はいよいよ天龍さんとのシングルマッチ。皆さんが「素顔での初対決」と言ってくれるのは嬉しいけれど、できるだけ自然体で臨みたいと思っています。

あっ、最後に小橋に一言「六本木ヒルズには行った??」。三沢でした。「ドンマイッ、ドンマイッ」。　　　　　2005・11・4

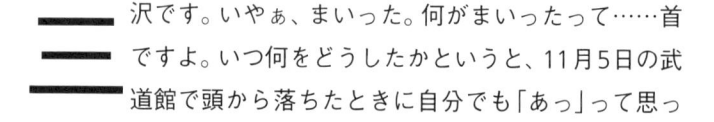

三沢です。いやぁ、まいった。何がまいったって……首ですよ。いつ何をどうしたかというと、11月5日の武道館で頭から落ちたときに自分でも「あっ」って思っ

て首を中に入れたんだけど、「中に入り過ぎた」ってところかな。試合が終わってからシャワーを浴びるのも大変で頭を洗うのに一苦労したくらい。

普通の生活をしていて頭からまっさかさまに落ちることってないと思うけど、それが毎日のようにあるのがプロレスラー。デビューする前には「まずは受身」と言われるのは自分の体を守らないといけないから。

しかも今回は武道館が終わってしばらく何日間か食事も水分も飲み込みづらくて「あれ？ おかしいなぁ」とは思っていたけど、その痛みが試合の一番最初にノドにされたチョップだったんだって気がついたときは、なんともいえず悔しかったなぁ。ファンの方にとっては例えば切ったりして血が出ているようなケガの方が痛そうに見えるかもしれないけれど、こういった「打撲系」の、見た目にはわからなくて痛みが伝わりにくいケガの方が"地〜味に"痛かったりするんだよね。

というワケでこのオフは会社にも1回しか行かなかった。というより"行けなかった"という方が正確。今回は短いオフの間に体を治すのが最優先。だから仕事を入れないでくれって会社に言ってしっかり休ませてもらった。この日記は明日（11月18日）の0時に掲載されるので、ちょうど後楽園で試合が始まる日。だから少し元気がないように見えても、そういうことなので心配しないでください（？）。

明日から始まるのは、今年最後のツアーです。本当に今年も一年が早かった。毎年恒例のクリスマスイブ・ディファ有明大会も今年で5年目。選手はいつも全力を尽くしているけど、だからこそ、たまには肩の力を抜いて選手もファンの方も楽しめ

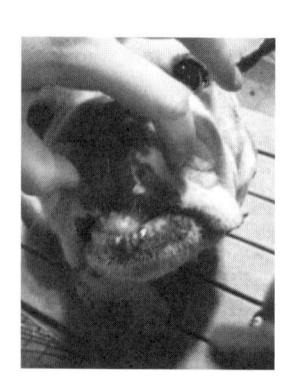

るような大会があったら良いなという気持ちから始めた大会だけど、初めの年は前日に有明コロシアムで試合をして、小橋のたんこぶを始め、選手みんなが動くのもつらい状態で試合をしてたなぁ。

そして2年目は"A・BOY♪鼓太郎"がデビュー、あとはクリスマスといえば思い出すのが斎藤選手のはじけぶり。これにはビックリすると同時にみんなが妙な闘争心に燃えて面白かったなぁ。

本当は思い出せばいくらでも思い出せるんだけど、思い出すのはあまり得意じゃない。反省したり、次につなげるために考えることは必要だけれど、ただ思い出しているだけの時間があるのなら、これから先のことを考える方が大切だと思わない?

と言いつつ……少しだけ話をそらして……時間がたつのは早いなぁと思うのが家にいる仔猫を見たとき。今、ウチには仔猫が2匹いて名前は「チクワ(写真上)」と「ガンモ(写真中央)」。9月の半ばに家

の前で風邪をひいて鳴いていたところから我が家の一員になったのだけど、最初は本当に小さな仔猫だったのが、だんだんとブルドッグの「ハンペン（写真下）」にもちょっかいを出しながら賑やかに成長中。彼らを見ていると「あぁ、時間がたっているんだなぁ」って思うことが時々ある。

　そうそう、「ガンモ」といえば、井上雅央はなんで「ガモ」なんだろう？？学生時代からの呼び名らしいけれど、鳥の「鴨」がなまったのかなぁ、それともやっぱり「がんもどき」？？

　小橋からの質問に答えると、実は小橋と車検の話をしたのは今の前の車に乗っていたとき。前の車が気に入って「これは車検を通してしばらく乗りたいなぁ」と思っていたのだけれど、同じモデルでひとつ上のクラスが出たので、やっぱり車検を通さずに替えてしまいました。もちろん今までの車も気に入っていたけれど、今の車は車高が高いから乗り降りが楽なこともあって、同じ型を続けて買うくらい気に入っています。

　ウチの選手はみんなそれぞれ自分の好みで車を選んでいるけど、本人のイメージによく合っているなぁ。特に若い選手は個性的な選び方で「おっ」て思うね。

　初めて車を選ぶときはドキドキしたな。今の若い選手も同じなのかな。俺自身は車ではなくて「バギー」がほしい。4輪のバイクなんだけど、知っている人いるかなぁ。あれはバイクではなくて、車の免許で走るからヘルメットをかぶらなくて良いんだよ。ほしいけど乗る場所もないか……。

　ところで小橋、六本木ヒルズに行って、感心したのは駐車場だけ？他には何もなかったの？俺も初めてでしかも仕事に行っただけだから偉そうなことも言えないか。だけど、俺は人ごみ

が嫌いだからこれはOK。ということで、小橋に質問。「最近、"練習以外"で、はまっていることはありますか？」。教えてくだ さ～い。皆さん、小橋の回答にご注目‼

　今回は重いケガの話になってしまったけれど、オモシロ巡業話はまた次回ということで。ではまた2週間後に。三沢でした。

2005・11・18

　ちぁーすっ、三沢です。いやぁ、まいったよ……ってたしか前回もこんな始まりだったような気がするけれど、何がまいったって、今回は開幕の後楽園ホールから出血だよ。

　ファンの方の中にはプロレス雑誌で写真を見た方もいると思うけれど、状況を説明しておくと、試合中にコーナーでダグ・ウイリアムスが向かってきたところにエルボーを出したら、首が痛くて回りきれなくて右横の顔がダグのおでこにバッティング（×｡x）（首は前回も書いたけれど正直言って"プロレス人生の中で一番痛い"状態。普段は病院が嫌いで周りから「病院に行ってください」って言われてもナカナカ行かないけれど、今回は自分から病院にも行ってきた）。

　で、話を戻すとバッティングした瞬間に"イテェーッ"とは思ったし、ダグの「ウッ」ってうめき声は聞こえたんだけど、その瞬間は切れたかどうかはわからなかった。ただ、そのあとロープに走ったら血が"ボタボタ"って出てきて「あれ!? 切れたかな？」と思っているウチにあっという間に"ボタボタ～"って。

　右目の上を切っていたんだけど、血で片目が見えなくなって

きても会場のお客さんがひいているのがわかったからかなりの量だったんだと思う（前回の日記で「切ったりするケガよりも、外から見てもわからない打ち身の方が痛い」なんて書いたばっかりだったのに）。

　どれくらい切ったのかな？って気になったけれど、何しろ試合中で片目が見えない方が大変。KENTAか浅子が脱脂綿をリングサイドに持ってきてくれて、眼をふいてやっと視界が開けた感じかな。試合は小川がとってくれてよかったけれど、実は対戦相手方なのに、コーナーにいるリッキーが心配そうに見ていたのがすごく気になっていたんだよね（°-°;)。

　で、試合が終わってから医務室で応急処置をしてもらって病院に直行。**病院の先生に「顔で売ってるから、傷が残ると困るんです」って言ってみたけれど、突っ込んでくれなくてちょっとがっかり**。でもそのお陰か細い糸で縫ってくれて、10針縫ってもほとんど傷が残らないで済みそうです。

　それにしても顔の傷はノアになってから増えたなぁ。最初のGHCのトーナメント決勝戦でアゴを切ったときは何かがアゴにぶら下がっているのがわかったし……。さっきも書いたけど、血がたくさん出るケガをするとお客さんがひいていく雰囲気がわかるんだよね……。

　ちなみに今回のツアーは5連戦があって、抜糸に行く余裕もないなぁと思っていたら、秋田の会場に意外と早く着けて、近くの病院で処置してもらいました。写真は抜糸

をした後。目と眉毛の間の傷、見えますか？

　札幌の往復も含めて今回は移動で選手の負担が大きかったと思います。選手の集中力の面からも移動の日程については今後の改善材料としていきます。とはいえ、気分転換も必要かなと思って弘前の日は試合が終わってから飲みに出たら翌日のフェリーでは最初から最後まで寝っぱなし。途中でコーラを買いに起きたら、コタローもガーガーいびきをかいて寝てたから、やっぱり疲れていたんだろうなぁ。

　というワケで首がかなり個人的にも大変だったツアーですが、嬉しい出会いがひとつ。新潟でいつもお世話になっている方と食事に行ったら、なんとそこにハヤブサ選手が先に着いて待っていたんだよ。食事に誘ってくれた方は俺にハヤブサ選手が来ていることをナイショにしていたんだよね。ゆっくり会うのは本当に久しぶりで、今はプロレスはできないけれど、コンサートをしたりして頑張っていることを聞いて「俺も頑張らないと」って改めて思った次第。今年もあと2試合を残すだけ。最後まで頑張りますので、よろしくお願いします。

　ところで小橋、好きな焼酎はやっぱり"下町のナポレオン、いいちこ"でしょ。もしかして期待しているのはこういう答えではなかったのかなぁ……('_'?)。それから練習以外で凝っているのは「ファッション」？ それはどーかなーー？？（笑）。最後に小橋に質問です。「ぶっちゃけ、貯金いくらくらいあるのかな(;^∇^)/?」。 三沢でした。また2週間後に！

2005・12・2

ウィース（いかりや長介風に）。暮れのお忙しい時期、皆さんどのようにお過ごしでしょうか。ちょっと風邪気味の三沢です。急に寒くなりましたね。レスラーは丈夫で風邪をひかないって思っている人もいるかもしれませんが、これまたみんなよく風邪をひいています。基本的に集団生活なので、一人が風邪をひくとバスの中ですぐにうつったりしちゃうんですよね。だからみんな風邪をひくとマスクをしたりして、うつらないようにはしています。

　俺自身は実は子どもの頃は体が弱かったんだよね。風邪もしょっちゅうひいていたし、ものもらいもよくできていたなぁ。中学くらいから変わったのかな。部活に熱中したりすると気がゆるむときがなかったんだよね。

　風邪はいつも鼻とノド。気管支が弱いこともあってすぐに咳き込んでしまう。熱はあまり出ないけれど、平熱が高くて36.8～37.1度くらいあるから、ちょっと熱が出ると大変。何年か前の海外遠征のときは直前に熱が出てクラクラ。インフルエンザにかかっていて、ちょうど会社でインフルエンザの集団予防接種があったときだったから、病院の先生が点滴を持って出張に来てくれたんだよ。先生方には迷惑をかけました。

　ちなみにツアー中の風邪は鼓太郎が持ってくることがほとんど。風邪ひきやすいんだろうね。だいたいあいつが持ってきた風邪を控室も一緒の俺がもらう感じですΣ（≧o≦ ）。

　今回の風邪は点滴を打つまでにはいかなかったので、オフ中の仕事も無事にできました。まずは日本テレビの収録。お正月の特番だったんだけど、"スーツ着用"って指定。普通、タレントさんがテレビに出るときはだいたい衣装の用意はテレビ局が

してくれると思うんだけど、俺たちのサイズで用意があるワケもなく、ほとんどが自前です。

　というワケで今回も自前のスーツで小橋と出演。ワイシャツ姿の小橋を見たら、思いっきり半袖(はんそで)。今年も終わるというのに……あいつの中で季節はいつなんだろう(-。-;)？。しかも着替えるだけで汗をかいてたからなぁ。まぁ、ジャケットを着ちゃえば半袖のワイシャツは見えないからね。スタジオの中が暑いことを考えて対策したんだろうね。

　で、控室では「社長、洋服はどこで買っているんですか?」って小橋のファッションチェックまで入りました。さすが「練習以外の趣味は"ファッション"」と答えた男。ぬかりないっ!

　小橋に限らず選手は洋服を選ぶのにみんな苦労している。選手は首の周りや背中の筋肉が発達しているから、お腹(なかまわ)周りの大きい服じゃ全然合わない。俺も普通に大きいサイズを選ぶと腹周りが大きすぎてボタッとしちゃうことが多くて意外と大変なんだよね。

　で、そのあと一日休んでニッポン放送の生放送。聞いてくれた方もいると思うけれど、パーソナリティーは「ますだおかだ」の増田さん。高校生の恋愛相談に答えるという企画でした。今日のパーソナリティーは"増田さん"だったけど、最近潮崎が「でたっっ」って"岡田さん"の方のマネをよくする。顔も自分では似ていると思っているらしい……。たしかに顔も物真似も似ているけれど……(°_°i)。

　最後に小橋に。「海外へ行きますか?」って質問だったけど、「行かねーよ!」。ところで小橋は年末年始はどうするの? 帰る

の?

　ということで三沢でした。皆さん風邪をひいている人が身近にいたらご注意ください。それではまた2週間後に。

2005・12・16

皆さん今年一年お疲れさまでした。そろそろ年末年始の準備も終わった頃でしょうか？ 三沢光晴です。今年もたくさんの応援ありがとうm(^-^)m。今年最後の試合が終わって思うことは、ノアのファンって本当にあったかいよね。そのあったかさに甘えることなく2006年も頑張りまーす。

　今回はまぁ、とりあえず「締め」として2005年の会社としての3大ニュースですかね。

　では早速。ジャカジャカジャーン♪第3位っ。パフパフ〜♪「5周年パーティー」たくさんの人にお祝いをしていただいて、皆さんに支えられているということを改めて実感しました。がっ、最初から最後までずっと汗をかきながらサインと写真攻めo(・_・=・_・)oで、何も食べられず、そして会場の中を動くこともできず……で、きつかったです。だけどまぁ、これもホストとしてお客さまをお迎えするのだから当然といえば当然。でもやっぱり立ちっぱなしは疲れるね。

　そして第2位。「7月18日、東京ドーム大会\(^○^)/」。ドーム大会自体は2度目の開催でしたが、初めてのときと変わらずファンの方がいっぱい会場に来てくださっているのを見たとき、本当に皆さんへの感謝の気持ちでいっぱいになりました。

"恒例化(こうれいか)するのですか?"とよく聞かれますが、こればっかりはわからない。まぁ、また機会を見てタイミングが合えばやろうとは思っていますが……。

最後に第1位。やっぱり「丸5周年、6年目を迎えられたこと」ですね。本当にこれは感慨もひとしおですね。一言(ひとこと)で5周年といっても、**ここまでの5年間、1年1年……、1日1日、そして1試合1試合を一生懸命しているうちに"あぁ、もう5年か"という感じです**。10年20年を目指して頑張ります。これからも応援よろしくお願いいたしますm(_ _)m。

本当は会社以外のベスト3も書きたかったんだけど、あまりに忙しすぎて会社以外の出来事が思い当たりません。個人的にはあまり楽しいことってなかったような気がします。それにしても年々忙しくなっていっているような気がするなぁ。

写真は今年最後の会社行事、ディファでやった餅(もち)つきです。下でこねているのと後ろに写っているのが24日にデビューした青木と谷口。忙しいのは大変でも、来年も楽しみな一年になりそうです。

話は全然変わるけど(というか変わりすぎなんだけど)、鼓太郎と潮崎の日記はオタク話で盛り上がりすぎな気がするのは俺だけ? フィギュアを集めていると「オタク」なのかなぁ。僕は「秋葉原というところ」には行ったことがないから「A BOY」に

はなれない。でもたしかに部屋には飾りきれないほどフィギュアがあるのは本当さ。でもブランド品を集める女性よりは全然お金もかかっていないし……（そういう女性を馬鹿にしているわけじゃないですよ）。とオタクの定義にちょっと疑問を感じてる年の瀬です。

　最後に小橋へ。いえいえこちらこそ、小橋君には今年もお世話になり、ありがとうございました（田上と連絡がとれないから年末年始の予定が立てられないなんて言っているけど、本心からは誘っていないのでは ('∀')……?）。

　それはさておき、今日は12月30日。今年も残すところ、あと1日。2006年が皆さんにとってよい一年となりますように=HAPPY NEW YEAR 2006。また新年にお会いしましょう (ﾟ-ﾟ)/。

2005・12・30

2006

ジャーンッ♪♪（『ジェイソン』のテーマ）。気にする人は気にする13日の金曜日ではありますが、私は今、巡業中でございます。で、今年初のどんまい日記であります。
　2006年初ということで、まずは今年の抱負から。プロレス雑誌のアンケートで書いたとおり今年の抱負は「内臓数値正常化」。いやーそれなのに、暮れは飲みすぎたね。そんなんで正常値になるかって！（←って自分突っ込み）。と新年早々少し反省していますが、これも年末まで。
　ところで毎年毎年、年末になると思うんだけどさぁ、お節ってみんな本当にあり!? 俺的には"ナシ"なんだよねー。正直言って、何がおいしいの？ と思うことの方が多い。これは日本の今までの歴史があってできたものだということはわかるんだけど、お正月くらい主婦がゆっくり休めるために……って本来の目的のひとつを考えると今の時代にはどうしても必要なものではないよね。でもだからこそ、こういう習慣を大切にするっていうのは日本人が季節を大切にするからなんだろうね。
　で、話は飛びますが、年末年始と言えばお正月映画も欠かせない。今は映画館に行くことってなくなって、DVDを買って見ることがほとんどです。皆さんは映画は好きですか？ 僕は劇場公開の映画はほとんど見ています。もちろん、これもDVDだけど……。
　基本的に好きなジャンルは思いっきり現実から遠ざかって見れるSFXですが、今年は『スパイダーマン3』『ハリーポッター』『ダイハード』……と気になる続編（?）がたくさん公開されるみたいで楽しみです。

2006

　年末に買ったのは『香港警察』『オーシャンズ12』『STAR WARS』のボックス……。DVDといえばもうすぐ『仮面ライダー響鬼』の劇場公開版がDVDで出ますってなんで俺、宣伝してるんだろう？やっぱり仮面ライダー世代なんだよね。それにいろいろな映画の中でこの世界が一番何も考えないで楽しめて、その上"面白くなかったら……"って心配もいらないし。でも俺は鼓太郎や潮崎みたいにオタクじゃない！いくら誘われても秋葉原ツアーは一緒に行かないぞーーー。「A MENS」はムリ！

　ということで今年も始まりましたが、今回もあんまり面白い話はなしです。オモシロ話は今日から巡業が始まりますので、次回ということで……。

　映画の話題になったので、小橋への質問は映画は観るの？観るのなら好きなジャンルは何？ということ聞いてみたいと思います。

　さて、プロレスリング・ノアも2006年のツアーが始まりました。昨年から欠場中の橋、一昨日の後楽園大会で負傷した潮崎も一日も早く復帰できるように治療に臨んでいます。そして選手・スタッフ一同、今まで以上に1試合1試合を大切にしていきます。今年もご声援のほど、お願いいたします。三沢でした。また2週間後に。

2006・1・13

　どんまいっ、どんまい、どんまい（双子のタッチ風）。三沢です。寒い日が続きますが、皆さん体調など崩していませんか？風邪をひかないように体には気をつけ

てください。

　さて今日は22日に終わった1月ツアーの巡業のことを書きたいと思います。巡業が終わってほっと一安心の今日この頃なんですが、なんで一安心なのかというと……。

　1月ツアー開幕の8日、次の9日は何の問題もなく終わったのですが、11日後楽園ホールで試合、そして明けて12日の朝起きると右の尾骶骨（びていこつ）が痛い。「昨日も一昨日も打ってないのになぁ、ぶつけてないのにおかしいなぁ」と疑問に思いつつ、その日はそのくらいの違和感で済んだのですが次の日の朝、バスで愛知まで移動、歩くだけでもちょっと痛い。豊橋のファンの方にはちょっと申し訳なかったのですが、ぶっちゃけ走れる状態ではありませんでした。

　豊橋で浅子トレーナーに見てもらったところ、腰からきているという意見。右の尾骶骨がずれているらしい。これはかなりヤバイなと思いながらも14日はオフで一安心。

　15日は走れなかったら試合を休むしかないなぁと心に決めて博多の会場入り。不安を抱えたままの会場入りでしたが、思ったより痛みが消えている。これはラッキーと思いつつ念のため痛み止めを飲んで試合に挑（いど）みました。動きには支障がなく今度は一安心ではなくてすごく安心。ここから先の1月の残りの巡業は全て痛み止めを飲んで試合に出ました。

　そして最終戦の武道館では佐々木選手と対戦。6メンということもあってちょっと物足りない部分もあったのですが、次の日は胸板（むないた）にしっかりと"かさぶた"ができていました(ﾉoﾞ)。1月ツアーも何とか休まずに終えられて一安心です。

　こうやって振り返ってみると、本当に福岡の日の痛みはあの

まま続けば欠場しないといけないかというくらいやばかったね。結局痛みの直接の原因はわからないままだったのですが、こんな試練が人知れずあったということはこの日記を読んでくれている人の特権(?)ということで書いてみました。

　ここで小橋からの質問に答えておくと、僕は日焼けが苦手（というより肌が弱くて医者から日焼けを止められてる）なのでゴルフはしません。長袖を着てもどうしても首が焼けてしまうし……。日焼けが苦手だけど、日光浴は好きではないので別に困らないかな。日光浴どころか本格的に寒い日が続いて風邪をひいている人も多いけど、小橋は風邪をひいたときにどうやって治すの？　どんなときも上半身裸のイメージがあるけど、風邪を治す方法はあるのかな??

　あ、そうそう最後に田上の日記の誤解をといておかないと。博多の日に田上の隣の部屋だったのは俺じゃない！　俺の隣は小川で、博多のホテルは部屋が広いんだけど、その広い部屋の中でベッドは小川の部屋側にくっついていたから、俺のいびきが聞こえるはずもないし、俺は博多の日も11時はまだ外で食事をしていたから、田上が寝る時間に先に寝ていて、いびきをかいているわけがない。皆さん誤解をしないように……。そりゃイビキくらいかくどさ……ヾ(~∇~;)。三沢でした。

　2月ツアーまでには体調を万全にして試合に臨みたいと思います。**レスラーでなくても体調が悪いと仕事にも勉強にも家事にも人間関係にも差障りがあると思うので体調維持には気をつけてくださいね。**

2006・1・27

ちぁーっす。2週間のご無沙汰です。ウチの試合がないこの日々を皆さんいかがお過ごしでしょうか？ 私は首が痛くて寝苦しく、熟睡できない毎日が続いています。という重い話はさておき、今日は最初に小橋からの質問に答えておきたいと思います。

　基本的に温泉は大好きです。温泉に行くだけでも嬉しいですが、部屋に風呂がついているとさらによい。部屋に風呂がないところで大浴場とかに行くと、何だか微妙に股間に視線を感じるというか……。そりゃそうだよなぁ、俺だってテレビで見たことのある人に露天風呂なんかで会ったら、きっと見ちゃうだろうから。これって人間の心理なのかなと思う。

　温泉は大好きだけど、基本的に何もせずにじっとしているのが苦手で、自分のペースで進めたい人間なので、家で風呂に入るときは雑誌とかゲームは欠かせない（ちなみに同じ理由で美容院は嫌い。自分のペースでもなく、ちゃっちゃと終わらせることもできないからね）。

　風呂では湯船につかりながらボーッとできなくて、ゲームボーイアドバンスを持ち込んだりしてるんだよね。もちろん、トイレも同じ。だからトイレもお風呂も逆に長くなってしまうかな。でもトイレってずーっと座っていると足がしびれてきませんか？ ついつい漫画を最後まで読んだりすると今度は立ち上がるときにアイテテテみたいな……。風呂でもゲームに熱中しすぎて湯船からあがる頃は反対に疲れていて、"あー、眠い"ってよく眠れたり……。小橋の質問に答えているうちに思わず長くなってしまいました。

　ところで全く違う話だけど、この季節ってどうなんだろう？

"どうなんだろう？"というのは、寒い日が続くけれど春も近くて、春って本来は気持ちも前向きになるはずの季節なのに、実際には学生さんの中には今まさに受験のまっただ中の方もいるだろうし、新社会人の方も今は不安でいっぱいの時期なんじゃないかな、という意味。

　俺自身は高校を卒業してすぐにプロレスに入門することが決まっていて、今頃は車の免許を取りに自動車教習所に通っていたのかな。入門が決まっていたとはいえ、"それでも"というか"だからこそ"不安を抱えて毎日を過ごしていたね。

　春に節目を控えている人にとっては本当に大変な季節だと思うけれど、どんな結果が出たとしても前向きにとらえてほしいなと思います。**自分の中で「やるだけやった」という達成感があるのなら、ダメならダメで、くじけずに"どんまいっ"という感じですかね。**

　何だか今回は世間話みたいになってしまいましたが、プロレスに入る前のことを思い出したりしてこんな流れになりました。不安な気持ちの人がいたら、少しでも気持ちを軽くしてもらえたら、と思った次第です。

　最後に小橋へ質問です。来週はバレンタインデーですね。小橋は思い出に残っているバレンタインってあるのかな？俺たちが子どもの頃は義理チョコなんて言葉がなくて、純粋に好きな子にチョコレートをあげる日だったからね……あてにしていなかったというか何というか……。それに今となっては酒を飲んだときにしかチョコも食べたいなと思うこともないから、俺的には存在がなくてもよい日です。

　最後に今週のマイブームをひとつ紹介 "●●ポジミギヨリ"。

……決して鼓太郎の日記の引用ではないよ。それでは皆さん、また2週間後に。

2006・2・10

ち あ〜っす、三沢です。もうすぐ3月ですが、まだまだ寒い日々、皆さんいかがお過ごしでしょうか?

いきなりですが、今回の三沢日記は"巡業グルメ日記・大阪編"!! パフパフ、パフ〜♪♪

今回ご紹介するお店は「相撲料理"ちゃんこ西乃龍"」です。千日前通りに面していて、この幟が立っています。以前は違う場所にあり、今の場所に移ってまだ1年にならないお店ですが、私と同い年の元力士・常の山さんのお店です。東京の知り合いに紹介をしてもらって行くようになったのですが、今回も数々の料理とちゃんこ、おいしかったです。

いつもというか、こういうときに絶対に思うんだけど……**レスラーだからたくさん食べれると思ってすごい量の料理を出してくれて正直言って困ることが**……。今回もいっぱいの料理をご馳走になりました。写真を見てもらえればわかると思うけれど、ちゃんことお刺身だけでもこの量だからね。しかもちゃんこの出汁がこれがまたおいしくて、おいしいだけに食べきれないと余計に困るというか……(写真でちゃんこの

前に写っているのは小川です)。

　この日はおいしい日本酒もいただきました。日本酒は苦手ではないけれど、温泉とか旅館で飲みたいものだなって思っていたのですが、おいしかったなぁ。実は酒の中で一番苦手なのがワイン。ワインは試合が終わって夜遅くから食事に出ることが多い俺たちの生活パターンにとっては一番縁遠い酒かもしれないな。

　この日も大阪大会が終わってから一度ホテルに戻って、部屋を出たのが22時。「西乃龍」さんには1時頃までいたのかな。この西乃龍に合流したのが吉本新喜劇に出ていた笑一くんとバッファロー吾郎さん。笑一くんの名前をつけたのは何を隠そう俺。舞台ではやらないみたいですが、笑一くんの風船芸は見事なものです。ファンの皆さんも大阪へ行く機会があったらぜひなんばグランド花月へも足を運んでみてください。

　で、遅れてきた2人は僕たちが食べ切れなくて困っていたものを全部きれいに食べてくれて、その上、2人ともプロレスはもちろん、アニメと特撮が大好きで話は大いに盛り上がりました。2人とも楽しい時間をありがとうございました。

　そしてお腹もいっぱいになったことだし、明日は休み。ここで終わるわけにはいきません。2次会として「飲みに行きましょう」ということに当然なりました。

　関東の方はわからないと思うので説明をさせていただくと、

大阪の場合、飲み屋街は大きくわけて「キタ」と「ミナミ」にわかれています。東京で説明をすれば、キタ≒銀座、ミナミ≒六本木って感じでしょうか。キタは銀座と同じように12時か1時には営業を終えてしまうので普段はミナミに出るんですけれど、東京から来た知り合いの知っているお店を営業外に開けてもらって北新地に飲みに行きました。写真は明け方の6時にカラオケ熱唱の鼓太郎です。鼓太郎は"ガンダム"と"エヴァ"を歌っていました。僕は"レオ"と"ティガ"と"銀河マン"……カラオケ・フルコースです。

　気がつくと朝の7時。店を出るとすでに朝の光。会社に急ぐサラリーマンの方々とすれ違いながらホテルへ帰った僕たちでした。

　最後に小橋からの質問ですが、宝くじは並んでまで買ったことはないなぁ。基本的には行列には並びません。たとえどんなにおいしいという評判のお店でも並んでは入りません。それに宝くじも最近は買うときは大抵の場合、人に頼んでしまうし……。そういえば年末ジャンボもいつもの通り連番で100枚買ったけれど、300円だけ……。こういうのは期待しながらも「期待しちゃいけない」って思っているときがイチバン楽しいですよね。

　3月に入るといよいよ卒業シーズンです。この日記を読んで

くれている人の中にも卒業を控えている人がいるかもしれませんね。ということで小橋に質問です。卒業式に制服のボタンをくださいって言われたことはありますか？ あったら、いつの卒業式ですか？ で、ボタンはあげたの?……それにしても、今どきの学生もそんなことしているのかなぁ……。

　遊ぶときにはしっかり(^▽^ゞ、メリハリが大切(*^◇^)d˚、でも飲みすぎ歌いすぎにはご注意\(-▽-;)。三沢でした。それでは皆さんまた2週間後に。
2006・2・24

ちあーっす。アイテテテ。首、痛い……(×｡x)。まぁ、だいぶ痛みも収まったけどね。
　まずはやっぱり日曜日の武道館の話からいきましょうか。会場やG+でご覧になった方も多いと思いますが、森嶋猛、強敵でした（と、持ち上げておきましょうか……）。せっかくなので、新聞や雑誌にあまり載っていなかったことを書きたいと思います。

　俺が実は一番強く感じたことは、森嶋があの体で途中でスタミナが切れなかったということ。あれだけ体が大きくてスタミナが切れなかったということは、日頃、相当練習に励んでいるんだなということです。

　俺に限らず、ウチの選手はみんな試合前の公開練習とかが嫌いな選手が多い。練習はしていて当たり前。わざわざ練習をしているところを見せるなんてちょっと違うのでは?と思うことが多いし、それにいくら練習をしても試合で出せなければ同じだしね（そうはいっても記者会見と同じで試合に興味を持っ

てもらうためには必要なことのひとつだと思っています)。

　あとはあの日の試合で感じていたのは……「森嶋ぁ、しょっぱなから鼻血は……クエスチョンだろう?」と思ったこと。実は試合が始まってすぐにマットに血がついていて、「あれ!? 俺、どこか切ったのかな?」と思って顔をあげたら、森嶋の鼻から鼻血が出ていて「こいつの鼻血かぁ……」と納得。終わってから、他の選手に聞いたところ、どこかにぶつけたワケではないのに、試合前から鼻血だったらしい。イイ意味での緊張からの出血だったんだろうね、と想像しています。

　森嶋は実はデビューしてから2〜3カ月、俺の付き人をしていたことがあって、そのときにはあまりしゃべらないで寡黙に頑張る奴っていう印象が残っている。あれから彼もいろいろな経験をしたと思うけれど、人間の本質って変わらないのかな。**戦う相手としてはやっかいな存在になっていたけど、地道に頑張る姿は見失ってほしくないと思います**(ちなみに森嶋が2〜3カ月しか付き人をしなかったのは、そのすぐあとに入ったフジマルのことを、俺の高校のときの監督とフジマルの監督から"付き人にしてくれ"と頼まれたからで、別に何か失敗をしたのではありません)。

　試合のことですが、やはりここで俺が語るより実際に観てもらったほうがよいと思うので、会場で見れなかった方は中継やDVDで観てください。いずれにしてもこの試合が最終戦でよかった……。これほどのダメージを負わせた森嶋の攻めを感じた試合でした。

　そして武道館の翌日は丸一日全く起き上がれずに一日休んで、その次の日は役員会で会社に行ってから鼓太郎の病院へお

見舞いに行ってきました。本当は写真を撮ってこようと思ったのですが、手術をしたばかりということもあり、顔中が包帯で右目しか出ていない状態。皆さんがひきそうな写真になるのでやめました。まぁでも思ったよりも本人が痛くなさそうなので一安心。ファンの皆さんは心配されていると思いますが、手術は無事に終わっていますので、安心して待ってください。

そして翌日もテレビ収録でボウリング。「雨スポ」という番組で雨上がり決死隊とボウリングをしてきました。ボウリングは年に1回やるかやらないかだけど、少なくとも"俺は"無難にこなしてきたよ。しかも実は左肩がちょこっと脱臼しているので、右利きでよかったぁと思いながら収録をしてきました。

で、小橋へ質問。小橋といえばベンツだけど、なんであのベンツなの？ これはファンの方も感じていると思うけれど、今の車は小橋には狭すぎない？ 助言、四駆タイプは俺たちみたいな腰の悪い人間には乗り降りが楽だよ〜。

それから質問に答えないとね。制服のボタンは卒業式の日に

は全部なかったよ♪　俺たちの時代は裏がホックで縫い合わせじゃないから、すぐにとれるようになっていました。ちなみに俺は学生服が意外と嫌いじゃなかった。詰襟(つめえり)がすぐに折れるのが気に入らないし、折れていると制服検査ですぐに取り替えさせられたり、後ろの髪の毛が挟まったりでイライラするんだけどね。さらに制服ネタと言えば……高校のときは中ランでした(わかる人にはわかるハズ)(*゜▽゜)。

　それでは皆さん、2週間後にお会いしましょう。三沢でした。

2006・3・10

ちあっちあっちあーっす。2週間ぶりの三沢です。
　今回の日記は、まず初めに21日SEM。行って参りました。というかほぼ観戦みたいな感じになるのかな。うちの大会とはいえ、自分の試合がないと会場にいくのも気分が楽だね。

　試合についてはご覧になっていただいた方はおわかりになると思います。いろいろな感想もあるかと思いますが、**若い選手みんな、俺が思っているよりも成長してくれてるなっていうのが何より嬉しかったこと**。大会そのものについては来場された皆さんいろいろあると思いますが、今回の趣旨からも、お金をかけない中でいろいろと工夫をこらしていました。皆さんの感想についてはまたサイトのメールボックスなどにお願いします。

　さて嬉しかったことばかりではありません。この日、第1試合で平柳がケガをしてしまいました。俺は2階のバルコニーか

ら見ていて、あれ？ 鼻血かな？ と思っていたら、口の中からの出血でした。客席でご覧になっていた方も口の中を切ったと思われたようですが、実際には下顎を2箇所骨折していました。

　試合が終わってから救急車で病院に運ばれたのですが、最初の病院では処置ができず、次の病院にまた救急車で移動。あいつは一日で2回も救急車に乗ったことになるんだね。しかも病院を移って処置が終わるまでの3時間、出血が止まらなかったと報告があった。相当な痛みがあったはずだけど、最後まで試合を続けたのはキャリアとしてはまだまだ浅くても、選手としての責任感からなのかな。ケガをしてしまったことは残念だけど、この経験をこれからの選手生活に活かしてほしいと思います。

　これは、ヒラだけに言えることではなくて、今ケガをして休んでいる橋、潮崎、鼓太郎にも言えること。休んでいる選手、対戦していた選手、他の選手、みんなが辛い思いをしていることをムダにしないでほしいですね。ファンの皆さんもゼヒせっかくのメールボックスなので、応援の声を届けていただけると彼等の励みになると思いますのでよろしくお願いいたします。

　ということで、ここら辺で少し明るい（のかなぁ？）話題に。「三沢にお任せくださ～い」でお馴染みのリーヴさんのコマーシャルが4月2日のノア中継から新しいバージョンになり、第2弾が放送されます。私の演技に物足りなさを感じている方もいらっしゃったと思いますが、今回の2パターンは「歌バージョン」と「鼓太郎バージョン」です。

　前回のオフ中に収録をしたのですが、とにかく収録が始まるのが朝早かった！ 前にもこの日記で書いたと思うけれど、俺た

ちはとにかく夜型だから、朝早い仕事のときは調子を整えるのに苦労する。しかもこの日は朝早くからいきなり歌バージョンの収録。それでなくても普段から声がかすれているのに、朝早いから声が出ない出ない\(T_TIII)/。

　念のためお断りしておくと、最初から声が低かったワケではないんです。中学時代は森田健作もモノマネがレパートリーに入っているくらいだったんだから（若い方はわからないかもしれませんね、世代限定の話題です）。それがプロレスに入ってから蹴り、チョップ、その他モロモロで、ノドが何回つぶれたかわからない。お陰でこんなに声がかすれてしまったのですが、これで収まっているのが不思議なくらいです。

　よく「声が低いから歌がうまいでしょ?」と言われますが、これがまた全っ然うまくありません。ということで四苦八苦しながら何とか歌バージョンを撮り終えて、2本目はぶっちゃけ「鼓太郎バージョン」です。正直言って、前のバージョンよりも面白くできあがっているので放送をお楽しみに。

　さて、雨スポ・ボウリングでは練習の成果を存分に披露（ひろう）してくれた小橋への質問へ答えておきましょう。"これだけは食べられないもの"それは「ほや」です。「ほや」ってモロ磯臭（いそくさ）いでしょ? 新鮮なのは臭くないって聞きますが、新鮮なのにまだ出会っていないからなのかな。自分で食べなくてもテーブルに乗っているだけで苦手ですね。基本的にはにおいの強い食べ物は遠慮したいです。

　そして小橋への質問です。最近は暖かかったり、寒かったりして気温の変化の激しい日が続きますが、小橋はどんな格好して寝ているの? 教えて〜〜。ちなみに聞かれる前に答えておく

と俺はネグリジェだよ。

　それでは皆さん、次回は4月に入っています。新年度のスタートを前向きに迎えていることを祈りつつ、今回はこの辺でq(^-^q)(p^-^)p。三沢でした。　　　　　　　　　2006・3・24

　っちっちぁーす。"三沢光晴、どんまい日記"であります(~▽~)ﾉ(知っている人だけがわかれば良いケロロ軍曹ネタであります。鼓太郎はまだまだ甘いな♪)。

　まずは季節ネタから。東京はまさにお花見の季節でありますが、皆さん、お花見に行かれるときにはマナーに気をつけましょう……とニュースを見ていて思いました(年々マナーの悪い方が増えているような気がするのですが、気のせいでしょうか?)。そんなことを言っている俺は、寒いところも苦手だし、いくらいろいろ用意をしても、小さな椅子や地面に座ったら腰が痛くなるのが想像できるので、実は1度も本格的なお花見をしたことはありません。

　さて日曜日から4月ツアーが始まり、間もなく1週間になります。前にも書いた気がするけど、ぶっちゃけツアーが始まる前の日ってものすごく気が重い。"試合がイヤだ"とかそんな意味ではなくて、俺以外の選手でもそうだと思うけれど、これから何週間か気を引き締めないといけないというプレッシャーがツアー前にはかなりあるものです。

　後楽園ホールから試合が始まりましたが、先月の中能登大会で永源遥さんが引退されたので、いつもなら隣の控室から聞こえてくる騒がしい声が聞こえなくなった初めてのツアー。今ま

ではあまり実感していなかったのですが、いざ控室に入ってみると何か物足りず、寂しさを感じました。でもそういったことにも慣れていかなくてはいけない年齢に自分もなったのかな、とも思います。だからこそ**やれることはやっておきたいという思いも強くなり、体力・気力の続くかぎり頑張らないといけないな、と改めて気を引き締めている今日この頃です。**

　さてさて、この日記が始まって今月で半年になります。できるだけ他のコーナーや他の選手の日記にも目を通すようにしている。日記を読んでいてまず思うのは"みんな俺より全然日記が短いじゃないかー"ということ。ムリにのばす必要はないと思うけれど、1日分ではなくて2週間分なんだから、2～3個はネタ（というのかな？）が必要だよね。

　とはいっても、2週間に1回って皆さんが思っているよりも意外と大変なんだよね、これが。日記を毎日書いている方とか、あとはスポーツ選手でも多いけど毎日ブログを更新していたりする人は本当にエライなぁと思います。面白いネタがあったとしてもなかなか書けないことが多かったりするのも事実だから、選手はみんなかなり工夫をしているんではないかな。"オフのときに選手が何をしているのか"とか気になるファンの方にとっても楽しんでいただけるのであれば嬉しいし、俺自身も知らなかったような選手の一面を知ったりして楽しんでいます。

　それにしてもサイトを見ていると、一般ネタあり、風俗ネタ（杉浦限定）あり、オタクネタ（鼓太郎限定）あり、（よくいえば）試合を離れても個性的な選手の集まりです。

　今回のツアーでは関西から九州、そして最後は鳥取から武道

館とかなり広い範囲を回ります。サイトをご覧になってノアに興味を持っていただいた方はぜひ、会場に足を運んでください。

4月に入って新学期、新学年、新社会人と新しい環境に慣れない方もたくさんいると思いますが、俺もツアーの中でキングスロードさんの試合に出場したり、そして同じ日には杉浦がパンクラスさんのトーナメントに出場します。ノアも、俺自身も、選手のみんなも、"今できること"にはチャレンジし続けたいと思ってます。へこんだときはぜひノアを見て元気になってもらえればという思いで今回もツアーに出発しますので、お互いに頑張りましょう。

最後に"熱血教室"主催の小橋へ。ウチではイヌもネコも両方飼っていて、どっちも好きだからイヌ派ともネコ派とも言えないかなぁ。まぁ犬は散歩をさせないといけないけど、ネコは散歩もさせなくていいし、一番手がかからないかな。とはいえ動物全般が好きだよ。ちなみに昆虫以外初めて飼ったのは小学校のときのミドリガメでした。そういう小橋は動物は好きなのかな？ 飼ったことある？ もしもあったら何を？

三沢でした。それでは皆さん、2週間後に('-')/。

2006・4・7

ちあーっす、お疲れ気味の三沢です。暖かくなったり寒くなったりで体調を崩しやすい日が続いていますが、皆さんいかがお過ごしでしょう？

このツアーも残すところあと1試合。日本武道館大会のみに

なりました。ツアーも終わりということで、今回はこの巡業中にあったことを書きたいと思います。

　今回の巡業は4月7日の名古屋大会の日に東京を出発してから、鳥取大会まで3週間、出かけっぱなし。"通い"と呼ぶ東京から出発して試合が終わってまた東京に帰ってくる移動よりも、出かけたまま移動先で休みがある方が楽といえば楽なのですが、今回は実は全く休みがない巡業になりました。

　本来であれば1回目のオフだった4月9日はキングスロードさんの後楽園ホールに出場するので、朝6時に岡山のホテルを出発、羽田から後楽園に直行して、また夜の飛行機で岡山に戻るという強行軍（+。+）。試合のことはココで書かなくても会場に来られたり、いろいろなところで記事を読んでいらっしゃると思うので、割愛させていただくとして……。二十何年かやってるけれど、岡山⇔東京を日帰りで往復するとは思わなかった。もちろん初めての経験。試合自体は経験させていただいてよかったと思ったけれど、この移動はもういいかな……。

　そして次のオフは岡山から熊本への移動日。これも実は移動だけで7時間バスに乗って、熊本に着いたのが18時で、夜は20時から食事会。皆さんも旅行の時を思い出していただければわかると思うのですが、バスに乗っている移動だけでもかなり疲れるんですよね。

　さらに次のオフはこの日記でも告知をさせていただきましたが、博多でイベント。ファンの方と直接お話をする機会はこういうときでないとなかなか作れないので嫌いではなく、この日も19時～と21時30分～の2回イベントを開催させていただきました。参加されたファンの皆さん、楽しんでいただけたで

しょうか？今回来れなかった方も、東京以外でもこんな機会を設けられたらと思いますので、お近くで開催のときにはぜひ参加してください。

そうそう、巡業といえば鼓太郎が欠場して今回が初めての巡業です。コタローは俺の付き人をしていたので、欠場でいない間は太田がコタローの代わりをしています。この間、俺と小川と太田の3人で飲んでいるときに小川が写真を撮って「お前の帰ってくる場所はないゾ」ってメッセージをつけて、写メを送ったんだよ。そしたらコタロー本気で寂しくて落ち込んだらしいo(_ _;)o。

後で聞いたら、ちょうどその日、道場で筋トレをしながら「いやぁ、俺も試合に出れなくて寂しいけれど、社長も俺がいなくて寂しいはずですよ。やっぱりオタクトークは俺じゃなきゃ。太田じゃダメですよ」なんて言っていたみたいなんだよ。もちろんコタローがそんなことを言っていたとは俺たちは全く知らないからね(^^;;)。**コタロー、落ち込まなくて良いからしっかり治して戻ってくるのを待ってるよ。**

ということで、今回は"疲れていますモード"全開の日記になってしまいました。次回はちょうどゴールデンウィーク真っ只中だから、明るい話題が提供できるようにネタ集めをしておきます。

小橋からの質問に答えておくと、我が家にはネコが3匹（黒にちょっと白が混じったツキ、アメショーに似ている雑種のガンモ、茶色っぽいチクワ）と、ブルドッグのハンペン、カメが1匹の計5人が住んでいます。カメはついこの間1匹死んじゃったのですが、残っている方もすでに10歳以上です。普通のミド

リガメだけど、何年もの冬を越える間に、いつの間にか俺の手のひらくらいの大きさになってしまっています。名前のついていないカメ以外は全部おでんネタの名前になっているけれど、これはワザとではなくて思いついた名前がこうなってしまっただけです。

　最後に小橋へ質問。パンチで話題の志賀だけど、彼は今はバーニングなの？ パンチでもバーニングはありなの？？ 気になっている方も中にはいると思うので聞いてみました。

　それでは皆さん、2週間後に。楽しいゴールデンウィークをお過ごしください。三沢でした。　　　　　　　　　　2006・4・21

　ちぁーすっ。ゴールデンウィークもそろそろ終わりが近づき、皆さんどのようにお過ごしでしょうか？ 前にも何かに書いたと思いますが、僕は人ごみが大嫌い=休日が大嫌い。平日で人が働いているときに休むのが大好きな三沢です。

　日曜日が最終戦のときは試合が終わってから食事をして、それから飲みに行くとだいたい朝までになるので、月曜日の朝、皆さんが出勤される頃にはまだ飲んでいたりします。そんなとき少しだけ優越感を感じたりして、ツアーを頑張ったことを実感します。これは皆さんも代休をとったりされると同じような感じかもしれませんね。

　さて、今回まずは武道館の話からいきます。自分の試合はさておき（というよりも自分の試合については雑誌やこのサイトですでに読まれていますよね）、今回の武道館は何と言っても

井上雅央の初GHC、初武道館メインでしょ。私、この試合を解説しました。ということで、試合については解説席でかなり語らせていただきましたが、試合の内容以上に大きかったのがファンの皆さんの存在です。負けた井上選手ですが、だいぶ頑張ったと思います。そしてその頑張りは武道館のファンの方々に助けられた部分も大きかったと思います。ありがとうございました。

　セミのジュニア選手権も石森選手は初めてのノア、そして初めてのGHCということでかなりのプレッシャーだったはずです。そのプレッシャーをはねのけた試合だったと思います。私が言うのもなんだけど、合格点です。そしてベルトを守ったKENTAもまたひとつステップアップをしたのではないでしょうか。

　そしてその武道館の裏トピックとして……。久々に鼓太郎クンに再会。回復も順調ということで、たまには酒も良いかなと思い、終わったあと一緒に飲みに行きました。で、ここで鼓太郎クンがほざくほざく。西永の日記にもありましたが、「人類はいずれコロニーに住む」って言い張る鼓太郎。一言いっておくと「住まねーからっ‼」。あまりに言い張るので「バカか⁉ お前は！」と頭を3回叩いておきました。ノアはこんなオタクばかりではないので、ファンの皆さんよろしくお願いします。

　そして1週間後に永源遥の引退記念パーティー、正直言って、いくら40年やっていたとはいえ、あんなに人が来てくださるとは思いませんでした。**まぁ、一番ビックリしたことはいつの間にか発起人に入っていたこと**。本人が知らないってすごいよなぁ。

ちなみに何かしらのパーティーでスピーチとか頼まれることが多いのですが、まじめな話は苦手です。というかまじめな話ってしゃべっているウチにあきちゃうんだよね。だから結婚式とかでスピーチを頼まれると主賓(しゅひん)でないかぎりは笑いの方へ持っていってしまいます。僕にスピーチを頼む方は覚悟が要ります。だって、相手を持ち上げることはほとんどありませんので。結婚式は他の人がヨイショ合戦をしてくれるし、基本的には「落とす」方向で。落とす確率は80％くらいです。皆さんご注意を。

　話が横道にそれてしまいましたが、パーティーが終わってから、同じくこのパーティーに出席をしてくださっていた楽太郎師匠とお寿司を食べに行きました（師匠、ご馳走さまです）。そこにもやっぱり鼓太郎クン参上。そしてそこには太田も登場。ここでも鼓太郎がコロニーの話をしきりとするんだけど、そこに輪をかけて太田が「どこでもドアは本当はできているんですよね?」とわけのわからないことを言い始める。太田の言い分としては「本当はどこでもドアはできているんだけど、交通機関がマヒしちゃうからできていないことになっているんですよ」だそうです。何というか……。アホなことを言うやつらですが決してみんながみんなこんなオタクばかりではないので、ファンの皆さん、よろしくお願いします。それにしてもこいつらの話を聞いていると将来が不安になってきた。

　ここで小橋の質問に答えます。メキシコへは越中さんと一緒に行ったんだよね。越中さんが日本食を食べたがるから一緒のときはほとんど地元の物を食べなかったかな。ちなみに当時のメキシコシティーには日本食レストランが3〜4軒あって、で

も高いからお金のない僕には辛かったな。そんなこんなで食べ物には苦労しませんでした。でもそこで食べた日本食よりも当時メキシコにたくさんあったチェーン店のタコスがすごくおいしかったのと、地方に行ったときによく食べた鶏の丸焼きがおいしくて、今でも時々食べたくなるよ。

　最後に小橋への質問です。写真集が熱血発売中だけど"大人の女性"にオススメの写真はどれ？

　それでは皆さん、2週間後に。三沢でした。　　　　　2006・5・5

ちあーすっ! そろそろこの"ちあーすっ"がホッとする頃になった方がいらっしゃると思いますが、いかがでしょうか？「またかよっ」って思っている方もいらっしゃると思いますが、まぁ、それは人それぞれということで。

　今年もやってまいりました! この時期が!!「何の時期だよっ」と、皆さんの声が聞こえないので一人で突っ込んでおきますが、**この時期から夏にかけてウチでは健康診断の季節なんです、いわゆる人間ドッグですね。ワンワン……**ってそのドッグじゃないからっ(°~°;) てさらにオヤジギャグも混ぜつつ。若い方にはここで説明をしておきましょうチャンチャン(何か今回は一人でテンションが違って少し恥ずかしいなぁ(·-·))。学生さんも健康診断は年に1回あるのかな？ それのもうちょっと発展形と思ってもらえれば間違いはないけれど、身長、体重に始まり、内臓検査、視覚、聴覚の検査、心電図、採血、尿検査、採便とあれこれを一日かけて検査します。というワケでこの時

期になるとちょっと憂鬱な三沢です。何がって"バリウム"が大大大っ大の苦手。あれさえなければ、何とかなる。だいたい飲み物じゃないものが口に入るのが納得できない（歯医者さんでもいろいろ口に入るけれど、あれは飲み込まないから何とかクリアできるかな）それになんであんなマックシェイクみたいな大きなカップなのかがまた納得できない。

　忘れもしない1回目のバリウム検査、なめていたら大変なことになりました。まずバリウムがとにかく不味い。でバリウムというか胃の検査が終わると下剤を必ず渡されます。それはウ○コが固まらないようにするためなんだけど、何しろバリウムの恐ろしさをなめていたから2錠もらった下剤を1錠しか飲まなかったら大変な目にあいました。ここまで読んで想像がついていると思いますが、ウ○コが出ない出ない。30分かけてやっと出たときには、まるでロケットが出て行ったみたいだったね。イメージ的には"カランコロン"って音が聞こえたくらい……。簡単に言えば、石になっていたというか。お尻から石が出たって感じだったね。**この話を「汚い」と思う人はまだまだ人間ができていません。健康維持って大変なんだから。**皆さん"自分のこと"として捉えてください(~0~)。

　ちなみにこの健診、ウチでは全選手、全社員強制的に行います。だから、あなたの好きなあの選手も、あんなカッコイイ選手も"まぁ、この選手はトイレ長そうだな"と思う選手も、ちゃんとバリウムも飲んでるし、採便もしていますので、悪しからず。だいたいどんなカワイイ子でもウ○コはするから、ウ○コしないヤツなんていないからっっ。今日の私、なぜかくどいですー(/~-~)/。

さてそんな憂鬱なこの季節ですが、今年は予約がいっぱいで俺の健診は8月なので、それまでにちゃんと体調を整えておきます。8月かぁ、冷静に考えると結構先だなぁ、バリウムのときは脂汗かくくらい本当に嫌なんだよなぁ。ちなみに小川は検査1週間前になると酒をぬく卑怯者です。

　憂鬱な話のままで終わりたくないので、最後にちょっと面白かった話を。

　この前ある食事会でウチの某顧問・大八木さんと同席する機会がありました。そこにやはり同席していた福田クン、おもむろに俺に「社長、"ゴレンジャー"って正式名称なんですかね?」と聞いてきた。俺が「"秘密戦隊ゴレンジャー"だよ」と答えると、突然かかる秘密戦隊ゴレンジャーのカラオケ。誰が歌うのかと思ったら、いきなり大八木さんがマイクを持って歌い始めた。戦隊もの好きな俺としては嬉しかったけれど、七十幾つの方が突然歌うと思わないから、驚いたなぁ。後で聞いたら息子さんが子どもの頃に一緒に見ていて懐かしくなって歌ったそうで、ちょっと納得でした。でもこの話ってこれまた若い方にとっては「?」かもしれませんね。

　本当の最後になってしまいましたが小橋からの質問に答えます。好きな人と一緒に行くのならどこでも良いのではないでしょうか。大事なのはお互いに気を使い過ぎない程度の期間ってことだと思うけど。ちなみに俺はまだ「田舎の温泉で何日もゆっくり」という休みを楽しめる歳ではないので、どうせ行くのなら遊びに行けるところがいいなぁ。動物は見ていて飽きないから、動物園があるとかテーマパークがあるとか、そんなところなら行きたいけど、基本的には退屈しないところです。

小橋への質問です。相変わらず気候が安定しない毎日ですが、小橋は何℃から半袖なの? 衣替えの目安は何℃? 前に寝るときは何を着ているかを聞いたので、今回は外に着ていく服について教えてください。

　日付が変わって今日から5月ツアーが始まります。今回は東京から始まって半年ぶりに北海道にお邪魔します。選手一同頑張りますので、ご声援よろしくお願いいたします。今回はこの辺で。それでは皆さん2週間後に。

　……あっ、そういえば森嶋とヨネは元気で頑張っているのかなぁ……。
2006・5・19

ちあーすっ! 今回のツアーも残すところあと2試合。今回はツアー前に気になったことから始めます。
　ツアーは19日(金)の後楽園から開幕だったのですが、私事ですが、始まる4～5日前から物を食べると歯がうずく。歯茎の腫れか歯が痛いのかよくわからなくて、ちょっとというかだいぶ気になったので、ツアーが始まる3日前に歯医者を予約。いつもの歯医者さんに診てもらったところ、うずいている歯はちょうどブリッジにしているところ、とのこと。

　というか実は奥歯はほとんど、ブリッジか"かぶせ"になっています。なぜかというと試合中に嚙みしめて奥歯がほとんど砕けてしまっているからで、前歯以外はほとんどそんな状態です。ここ数年は試合中にマウスガードを使っているのであまりそういうこともなくなってきました。マウスガードについては最終的には自分の判断にまかせつつ、選手には会社で推奨して

作成するようにしています。

　話が横道にそれてしまいましたが、今回は歯茎の治療と、やはりかぶせている歯が傷んでいるということでレントゲンを撮ったところ、先生から「2〜3日してからまた来れませんか?」とのことで、仙台へ出発するときにバスへ乗るのを諦めて歯医者さんで治療をしてきました(それでなくても後楽園での試合が終わってからまた痛みが出ていたので、行かないといけなくなっていたと思うのですが)。

　皆さんも海外に行かれるときとか同じだと思うのですが、長く出かけるときは歯の治療を万全にしておくのは大切ですよね。巡業中に痛みが出たらシャレにならないからね。僕たちもツアー前には歯の治療を計画的にしています。しかも地方では食事会もあったりするから時間も自由にならなくて……やっぱり巡業前に治すべきです。

　余談ですが、よく言われるのが"全国に行けていいですねー"とか"全国のおいしいもの食べられていいなぁ"ということ。ってこの話は前にも書いたような気がしますが、試合が終わってからではお店が閉まっているので、そんなにいろいろなお店に行けるわけでもありませんし、**第一に遊びに来ているわけじゃないですからっ。人生そんなに甘くないですからっ(~o~)**(……と今回もまた"くどい"私です)。

　全国をいろいろ回っているけど、観光は全くできないですね。それどころか"ホテルと体育館の往復だけ"という生活がほとんどです。たしかに全国の夜の飲み屋街には行くけど、皆さんが思っているような"おいしいお店"に行くようなことも、面白いこともありませんよ。

ということで、今回は5月30日の帯広大会が終わってからイベントがありました。ロード中のイベントは珍しいけど、今回は前回の博多でのイベントとは違い、試合終了後というのがさらに珍しいパターンです。ちなみに今回イベント終わっての感想は……いやぁ、女性ファンが減ったねぇ。今回のイベントも男性が9割。全参加者の中で女性が4〜5人ってとこでした。嬉しいような寂しいような微妙な心境。でも同性のファンはありがたいし、男性から「かっこいい」なんて言われると嬉しいことです。

　今回のイベントはトーク、サイン会、撮影会の3本立て。人前で話をするのは嫌いじゃないのですが、当たり前とはいえ、プロレスの話がメインになるんですよね。ファンの方には失礼なんですけど、プロレスの話は私たちにとっては面白おかしくひねったりができない話なので、飽きるというか、つまらないというか……(ﾟ-ﾟ)。もっとプライベートな話とか人生相談的な話だとお互いに力を入れないで会話ができると思うのですが、こればっかりは仕方がないですね。

　話が飛びますが、この前"ニュースーパーマリオブラザーズ"が発売になりました。俺は"たぶん家に帰ればあるからいいやぁ"と思って特に気にしていなかったのですが、青森大会の日にフジマルが突然バスの中で「あー、新しいマリオほしいなぁ！今日発売なんだよなぁ、でもどこへ行ってもないんだよなぁ」と大声でアピール。まぁこれは流しておいて、体育館に着いたらマスコミさん(カメラマン)が、「三沢さん、今日マリオ発売日ですよ」とワザワザ言いに来た。俺ってそんなにゲーム

好きに見えるのかなぁ？

　で、そのカメラマンの人が言うには、駅前のデパートとかを探し歩いたけど見つからなかったのに、諦めて仕事に来たとのこと。そこへ通りかかったスタッフが「体育館の前のヨーカドーにありますよ」と一言アドバイス。で、そこにまたしても偶然通りかかるフジマル。「おーい、マリオほしいか？」と聞いたら二つ返事でほしいとのこと。「体育館の近くのヨーカドーにおいてあるそうだから買いに行ってきていいよ」と言ったら、マスコミさんとフジマル2人で仲良く出かけて、15分位したらニコニコ顔で帰ってきました。入口を入ってすぐのところに山積みになっていたそうです。まさに灯台もと暗し。それにしてもいくつになってもフジマルは……。

　と今回も小ネタだらけの日記になってしまいましたが「芸能人で誰に似ている？」という小橋からの質問に答えます。今はダブらないかもしれないけれど、痩せているときは今人気の"山猿"です。違う、"海猿"だよっと、また一人で突っ込みつつ（疲れているのかなぁ）、海猿に出ている伊藤英明さんです。似てますか？ 読んでいる方の"似てねーよ"って声が聞こえてきそうなのでもう少し続けると、若い方にはわからないかもしれませんが"コニタン"です。え？ わからない？ ではさらに別の方を挙げさせていただくと西郷輝彦さんです。わかりますか？ 西郷輝彦さんには昔から似ているとよく言われます。実はテレビの収録でご一緒させていただいたこともあるのですが、自分でも似ているなぁと失礼ながら思いました。

　小橋への質問です。北海道巡業もまもなく終わります。北海道といえば（やや強引に）海鮮ですが、小橋は寿司のネタで何が

好き？　俺は"マスオさんの同僚のアナゴさん"。

　またオヤジギャグ連発で皆さんの冷ややかな視線を感じるので今回はこの辺で（´-̀ ○）。三沢でした。　　　　　2006・6・2

ちぁーすっ。ツアーが終わって10日ほど過ぎましたが、オフも何かと忙しい三沢です。
　さて、選手会興行ですが、楽しんでいただけましたか？　いやー、面白かったなぁ、3人のトークショー（~-~;)3……終わったあと3人が3人とも、1人ずつ別々に「グダグダですみませんでした」って来た。別に俺に謝ることではないのだけどね。自分たちがそう思ったらこれを教訓に次回からはスマートにスムーズに進行してほしいものです。

　トークショーを見ていて思ったのは……ああいうのはやっぱりMCの責任が大きいということだよね。僕たちもよくトークショーとかに呼んでいただくけれど、"MCの方あってのものだなぁ"と改めて痛感しました（ところでMCって何の省略だかすぐに出てくる方はいますか？）。次回からはMCに関しては専門の方にお願いをするのもひとつの手だとは思います（もちろん"もう一度、自分たちだけでやってみたい"という気持ちがあるのならそれはそれとして）。

　試合に関しては皆さんご覧になっての感想があると思いますので、ここでは控えさせていただきます。

　ちなみに試合が終わってから飲んでるところに顔を出したのが、またまた鼓太郎クン。この日はなぜかひたすらマスオさんの物真似をしていました。俺が「お前、誰？」と聞いたら、「えっ、

え〜〜!?」って返すだけのしゃばい物真似で、しかも聞くところによると、それもシオのパクリだってことですが、何かの機会があったら見てあげてください。

　さて、私事ですが、このオフで免許の更新に行ってきました。人生2回目のゴールド免許です♪パッパラパパーー♪♪ゴゥルド免許ぉ〜〜っo((=^T^=))o（ドラえもん風）。まぁ、18歳から免許を持っていて2回目のゴールドって相当違反しているということですが、やっぱり嬉しいもんです（でも違反と言ってもぶっちゃけスピードオーバーと駐禁ですけど……）。

　ちなみに更新に行ったら受付で早速「三沢さん、どうも」と声をかけていただきました。内心「おっ、これは早く終わらせてくれるかな」と思ったのですが、全くそんなことはなく普通にビデオを観て30分ほどで終わりました。何も悪いことはしていないのに警察が嫌だったり、検査に行くだけでどこも悪いところはないのに病院が嫌だったりするのはどうしてだろう?? それから、来年から免許が大型、中型、小型の3種類になるって皆さんご存じでしたか? 俺は更新に行ってはじめて知りました。

　さて、小橋からの質問に答えます。ステーキは「ヒレ派」です。って これ聞いたら小橋クンは写真集の印税で僕にヒレステーキをご馳走してくれるのかな? さて普段は酒を飲まない小橋だけど、飲みに行くのならしっとり小料理屋? それとも杉浦大好きキャバクラ派? ぶっちゃけ男2人で飲むのなら女性がいた方が話しやすいよね。と無理矢理同意を求める三沢だったりする。男も3人だと話がふくらむけど、野郎が2人でサシで飲んでもね。

そうそう最後に小ネタをひとつ。フジマルが巡業中に探し求めたマリオだけど、家に帰ったらやっぱりありました。あの手のゲームはトイレでしかやらないし、今回のマリオは意外と難しいから、まだ3面だけど気がついたら30分くらいたってたりするんだよね。洋式なのにトイレから出るといつも足がしびれている三沢です。ほとんどの家で同じ事情だと思うけれど、トイレまでは冷房が行き届いていないから、これからはきつい季節。

　で、ゲームを終わらせていつも気がつくのは携帯のゲームは目に悪いということ。バックライトがつくようになったのも最近だもんね。すごいよなぁ……と、ゲームからも技術の進歩を感じる今日この頃です。でもいくら技術が進歩しても人間はコロニーには住まないから、わかった? 鼓太郎くん! それから「どこでもドア」もいつまで待ってもできないから、一平くん!

　三沢でした。皆さん2週間後に。　　　　　　　　　　2006・6・16

ち

あーすっ。あちちちちっっ。暑いねぇ((((゜o。)))。ムダに汗が出る今日この頃(ちなみにムダではない汗は練習の後の汗とかね)。汗といえば、最近というか、だいぶ前からだけど、汗が水っぽいんだよね。この日記はいろいろな世代の方が読んでくださっていると思うけれど、若いときの汗って、何だか酸っぱくないですか? 濃い色のTシャツとかを着て汗をかくと乾いたときに、塩が吹いていたりとかしましたよね。吹き出物も若い人特有のものだし。歳を重ねて良い意味で毒素が出たんでしょうね。ちなみに、こうやって汗をか

いているうちはよいけれど、段々と汗をかかない世代になって
くると、老廃物がたまって加齢臭の原因になるそうです。**私、
この"加齢臭"という言葉を初めて聞いたときに"カレー臭"だ
と思ってしまって、「何でカレーの匂い？？」と首をかしげてい
ました**（でもこの間違いをしていた人、多そうです）。

　でも、こういうくだらない間違いって誰にでもあると思いま
す。誰かが以前、テレビで言っていた間違いは、かなりツボに
はまってしまったのですが、アニメの「巨人の星」の歌で「思い
込んだぁらー、試練のみ〜ぃちぃをーーー」という部分が流れ
るときにテレビの画面では星飛雄馬がグラウンドでローラーを
ひいていて、その人はあのローラーを「コンダラ」っていう道具
だと思ったらしいんだよね。つまり「重っいぃ、コンダラ」って
まさに"思い込んだ"って話。誰だったかなぁ、思い出せないけ
ど、思わず笑っちゃったなぁ。そういえばあのローラーって最
近は見ないですね。今の学校はグラウンドも土じゃないから必
要ないのかな。

　と、くだらない話で始まった、今回の日記。"くだらないつい
で"にくだらない写真を1枚ご紹介
……、"ゲゲゲの鼓太郎"です。この
衣装は鼓太郎日記でお馴染み"北の
鮭弁"から鼓太郎が誕生日プレゼン
トにいただいたものです。北の鮭
弁は函館出身で飲み屋さんをやっ
ています。本人の自己紹介が「北の
黒豹です」だったんだけど、「北に
豹はいねーから!!」ってことで"北

の鮭弁"ということになりました。飲み屋さんをやっていて、鼓太郎とシオはご馳走になっているみたいです。話がそれましたが、鼓太郎と僕は誕生日が一緒で血液型も一緒です。でもヘタしたら自分の息子くらいなんだよなぁ。ヘタしたら……、先走ってたら……。

　くだらない話はこれくらいにして、早々と小橋の質問に答えます。俺はコーヒーか紅茶だったら、どちらかというと紅茶派かな。でも一番よく飲むのはカフェオレ。

　今回もくだらない話で終えようかな……。最初にも書いたけれど、夏に向かって暑くなるこの季節。車好きの僕にはきつい季節です。なぜかと言うと、車に乗り込むときの暑さが辛いこと。まず第一にシートがあちぃーあちー。クーラーをかけて汗をかかない温度になるまでに時間がかかるんだよ。まぁ、汗をかくのは新陳代謝が良いからって自分で自分を納得させているけれど、これからの季節は、色のグレーとかブルーのカラーシャツといわれるワイシャツを着ていると、汗がしみてきてかっこ悪いし。車はシート暖房もあるんだけれど（←自慢じゃないよ、自慢じゃないよ(;´▽`)ゞ）1回も使ったことありません。風呂に入ったときには汗がひくまでに時間がかかるし、一苦労。そのうえ紫外線に当たると湿疹ができてしまうので、外にもあまり出れないし（よく「三沢さん、白いですね」と言われるけれど、そんな理由です）。こんなふうに困ったことばかりの夏ですが、実は一番好きな季節は夏です。矛盾しています。明日から新しいツアーが始まります。夏休み前のツアーになりますが、今回もまた選手一同、力いっぱいのファイトをしますので、皆さんご声援のほど、お願いいたします。　　　　2006・6・30

1週間ぶりのご無沙汰です。小橋の代わりに今週もよろしくお願いします。

　小橋のことは皆さんもご心配かと思います。事務所への励ましのお手紙やこのサイトの小橋宛のメールも多数いただいているとのことで、皆さんのお気持ちをありがたく思っています。プロレスリング・ノア一同、こういうときだからこそ、普段通りというか、それ以上に頑張っていきますので、皆さん、変わらぬご声援をお願いいたします。

　ということで……始めますか。

　ちあーすっ(^-^)ノ。初めに3回目のSEMについて。「何だかちょっと安心して見られるようになったな」というのが俺の感想。若い選手も頑張っていってくれるみたいで心強いです（伊藤が膝のケガをしたのがちょっと残念なことですが）。早い時間から並ばないといけないSEMですけれど、よろしくお願いいたします。

　ツアーは7月1日から始まったのですが、開幕前日にココリコの遠藤さんとTVの対談のお仕事をしてきました。関西ローカルですがほとんどプロレスの話題でしたので関西地区の方はご覧になっていただければと思います。

　この日収録した番組は「BRAVO!」

　収録は"食事をしながらの対談"だったのですけど、話し始めると食べれないんだよねー。で、そのときにふと思ったしょーもないこと……。……そういえば、初めてのデートのときって食事ができなかったなぁ。"異性と1対1で食事なんて""それも

好きな人だし"って感じでいっぱいいっぱい。腹減って本当はたくさん食べたいんだけど、カッコつけてサンドウィッチを頼んだりね。それが今じゃ全然平気だもんね。ましてや……(~-~☆ ……いやこの辺でやめておきましょう。

　開幕といえば、今回のツアーは久しぶりにディファ有明からだったのですが、そのディファの日に鼓太郎が「お誕生日には間に合わなかったんですが……」と言って持ってきてくれたのがコレ。誕生日プレゼントに作ってきてくれたんだけど、「社長専用ガンダムです」だそうです。機種は"ガンダムウィング"なんだけど、ガンダムシリーズの中では俺が一番好きなガンダムです。一生懸命作ってくれたみたいで、嬉しいですね。

　すっかり和んでしまいましたが、今回のツアーは最終戦の日本武道館で高山選手の復帰戦という大きな試合が待っています。2年ぶりの試合となった高山選手、チャンピオン秋山、そして小橋の欠場に伴い出場を快諾してくださった佐々木選手、もちろん他の選手も全員がそれぞれの気持ちを胸にツアーに臨みます。また、試合に出れない小橋は病気と戦っています。今回のツアーも応援をよろしくお願いいたします。それではまた来週。

2006・7・7

2006

ちあーすっ!! 三沢です(^-^)ノ。暑さが続く日々、皆様どうお過ごしでしょうか? 僕は今、30分外を歩くとハンカチを2回絞(しぼ)れます。

ノアはただ今、7月ツアーの真っ只中。今回のツアーは約2週間と少し短めで、関西と東北を中心に回ります。関西のときはやはり大阪に泊まることが多いのですが、"大阪と言えば"のちょっと面白かった話をご紹介。

大阪ではちょっと楽しみにしている食べ物があって「天カレー」というのですが、簡単にいえば、天ぷらが乗った豪華版カレー南蛮です。よく行くお店があるのですが、そこには初めて行ったときにあまりの大きさにビックリ、しかもおいしい! 関西風の出汁(だし)ってさらっと飲めておいしいですよね。うどんはどちらかというと「讃岐(さぬき)うどん」に近いドッシリした麺で、それが大きなどんぶりで来るから、一般の方にはちょっときついんじゃないかなぁ。ともかく僕は初めて行って以来、楽しみにしています。以前は大阪府立体育会館のすぐそばにあったのですが、店が移転して、今はなんばにあります。

前置きが長くなってしまいましたが、前回の大阪大会の後。飲みに行った翌日にそのうどんが食べたくなって、夕方出かけたら、残念ながらお昼と夜の間の時間で閉まっていて、仕方がないから、他に何かないかなぁ、と一人でそのあたりをフラフラしていたら、いつの間にか周りには「まんだらけ(←ご存知ですか? 有名なアニメ、特撮関係のお店です)」やフィギュアショップだらけになっていて「もしかしてこれがウワサの"大阪のアキバ"か?」と思いながら歩いていたら、一人の青年が寄ってきて「三沢さんですよね! 握手してください」と礼儀正しく話

しかけてくれました（さらに余談ですが、こんなふうに礼儀正しく言っていただけるとこちらも嬉しくなります）。

よくありがちなのが、すれ違いざまに「三沢だっ！」って小声で話して、Uターンしてきて「三沢さん、握手してくださいっ」ってパターン。テレビとかでプロレスをご覧になっていただけるのはありがたいのですが、本人を目の前にして呼び捨てられるとちょっと……。

さらにガクッと来るパターンがカップルの男性だけが僕を知っていた場合。男性＝「あっ三沢だ」、女性＝「誰?? 誰??」、男性＝「スミマセン、三沢さん握手してください」、女性＝「私もっ」。そんなときの僕は「おいっ、知らなかったじゃん!!"とりあえず"の握手はやめてくれよっ」と心の中で、ときには口に出して言っています。

さらに前置きが長くなってしまったのですが、そんな気持ちの良い青年に出会った僕は「ここが大阪の秋葉原と言われているところですか？」と聞いてみたところ、「僕は東京に行ったことがないので、秋葉原のことはわからないのですが、ここは俗に"オタクロード"と言われてますよ」とさらに折り目正しい答え。……やっぱりそうだったのか……┌(-_-|||)┐。

そんなエピソードのある大阪で休みがあったので、今度こそはと「地鶏かしわうどん」を食べてきました。本当は「天カレー」を食べたかったのですが、前の日の酒が少し残っていて辛かったので……。ちなみに地鶏かしわうどんも「かしわ」がたっぷりでオススメです。

で、一人で"俗にいうオタクロード"をプラプラ歩いてきました。もちろん買い物もしましたが、"ビッグサイズのソフビ"と

いうこと以外、何を買ったかは秘密です（"斬鬼さん"だなんて……書けないかなあって……。ここはわかる方だけわかっていただければよいところです）。でも、僕はオタクじゃないよ、オタクじゃないからねっ。

　今回の巡業中、一日だけのオフはこんな感じで過ごしたのですが、その翌日は京都で試合をしてからそのまま"ハネ立ち"。これは僕たちの仕事の世界で使う言葉で、試合が終わってから宿泊しないでそのまま移動することを意味します（ちなみにどうしてもバスに乗って移動している時間が長いので、プロレスラーになるには乗り物酔いしないことも条件のひとつかもしれません）。

　今回は京都の翌日、東北へ移動になったので、ホテルには泊まらず、そのまま一度、東京へハネて帰ってきました。早く帰れるのは良いのですが、シャワーのない会場だと汗をかいてそのままバスに乗るのも辛いし、さらに遅い時間だとサービスエリアのレストランも閉まっているので食事にも一苦労です。

　今回は22時くらいにギリギリで食事をすることができました。**東京に戻ってきたのが夜中の2時。それから家に帰って次の巡業の準備をして、翌日は移動ですからかなりハードなスケジュールです**。最終戦の日本武道館までケガ人が出ることなく、会場で皆さんにお会いできるのを楽しみにしています。

　そしてご報告ですが、ご心配をおかけしている小橋ですが、先日発表させていただいた通り、無事に手術が終わりました。もちろんまだまだ痛みはあると思いますが、小橋自身はとても元気な様子との報告を受けています。皆さん、これからも御声援をお願いいたします。それではまた来週。　　2006・7・14

あーすっ! 武道館も終わり、体の痛みと闘っている今日この頃の三沢です。武道館はどうだったでしょうか? ということはあとで書くとして……。実は僕、武道館の2日前の福島大会が終わったときに右の靭帯をヤッてしまいました。試合が終わって「あー、武道館まで一日休みだぁ」と思った瞬間に膝が"カクッ"といって、「あれっ?!」とは思ったものの、その時は痛みをあまり感じなかったので大丈夫かなぁと思いながら、夜、鼓太郎たちと飲んでいたら、トイレに行こうと思った時に立てなくて、ちょっと靭帯を痛めたらしく「やっべー、あさって……」みたいな……。

　こういうことってたまにあるんだよね。巡業が終わったり、何連戦かの合間にホッとするとケガをすることがよくある。武道館に集中すれば良いことなんだけど……。最後まで気を抜いてはいけないということですよね。「学習能力ねーなー俺……」って反省。とはいえ、次の日には若干の違和感がありながらも前の日よりは痛みはなくなっていたので一安心。武道館では相手にもファンの皆さんにも気づかれずに何とかやれたかと自分で思っているのですが、いかがでしょうか?

　というワケでここで武道館の話。武道館では熱い声援、ありがとうございました。高山選手も無事に(かどうかは、試合が終わった後の痛みを聞いていないので、なんとも言えませんが)復帰できて、個人的には喜ばしいことです。がっ、ここでまた、私事ですが、試合中に肩をやってしまいました。右肩を痛めてしまいました。トペに行った際に関節がグキッっていう違和感。翌日は祭日で病院が休みだったので、火曜日に病院へ行ってきました。

2006

　レントゲンを撮るたびに毎回思うのですが、大変な仕事だよねー。何がってプロレスラーという仕事です。レントゲンを撮るたびに毎回毎回、骨が変型していて驚かれるんです。今回も「本当はこの骨は丸いんだけど変型してとんがってますね」と言われてしまいました。

　肝心なケガの方は、炎症から痛みが出ているので、日にちがたてば落ち着くでしょうということでした。が、しかし、右腕が上がりません。と言うか右腕が使えません。ウ×コも左手で拭いています。左手ではウン×はとても拭きにくいです（´∀`Ⅲ）。

　よーし、×チンコネタでひっぱるぞー。皆さん今ひとつ実感が湧かないかもしれないので、例えるのならば、一般の方でありがちなのは"突き指"でしょうか。指1本突き指しても拭きづらいよねーウ×コって……。ヒジや肩を骨折して利き腕を使えないと不自由ですよ、本当に。ちなみにこういう時、ご飯はフォークを使うと楽です。

　大変なのはお風呂とやっぱりトイレ。お風呂では傷がある時はもちろん、ケガをすると温めてはいけないことがほとんどだから、まず浴槽に入れないし、首をケガやっちゃうと、頭を洗うのにも、片手で頭を支えてもう片方の手で洗わないと、ちょっと力が入っただけで痛いからね。膝をケガした時はもちろん和式トイレには入れない。腰をやった時は踏ん張れないから大変。踏ん張ると腰にズキッって痛みがくるからね。大きなケガをしたことのない人はこれを読んで万が一の時の参考にしてください。

　さらに参考になるかわからないけれど、さっきも書いた通り、肩や腕をケガしてトイレでお尻を拭けない時にはウォッ

シュレットがあるとすごく楽です（最近ではホテルでもウォッシュレットがついているところが増えているけれど、正直言って、ホテルのウォッシュレットは使うか悩むなぁ……）。ちなみに僕はビデを使ったことはありません（ここは「当たり前だろー」と突っ込むところですが、男であのボタンを押してみたことのある人は絶対いると思うんだけどなぁ）。

そうそうこの前も健診話から検便ネタになったけど、今でもあの検査って"検便"って言うのかな？"便の検査"だから"検便"でいいんだろうけれど、何で急にこんなことを書き出したかというと、以前の検査に比べて"いかにも検便"って感じがなくなってるからなんです。

あれもまた、随分と進化してるって知っていましたか？ 今は液体の入った小さな容器の蓋に爪楊枝よりも少し太くて先がネジのようになっている棒がついていて、その棒の先でウン×をなぞって、パチッと蓋をすれば終わりだけど、俺たちが子どもの頃は全然違いました。何て言うんだろうなぁ、軟膏を入れるようなプラスチックのケースに割り箸で"×ンコそのもの"をつまんで入れるんだよ。そのあと袋に入れて学校に持っていくんだけど、提出するのがやたらと嫌だったなぁ。

さらに古い人の時は何とマッチ箱だったそうです。これは年上の知り合いから聞いた話だけど、マッチ箱は各自用意するシステムになっていて、なんと、特大の大きなマッチ箱に持ってきた友だちがいたそうです……。すごい話になってきたなぁ。

さらにビロウな話を続けると洋式トイレで検便の時は転がっていかないかと、いつも苦労します。上手くいかない人へのアドバイスとしては、紙を下に敷いて、便座のできるだけ前の方

に座ることが大切です。

　こんな話ばかりですが、ウン×は出る時にちゃんと出しておいたほうがよい。体の毒素が一番排出されるのはやっぱりウ×コだから、格好つけてガマンしたりしたらいけないそうです。

　さて、「何だよ三沢、今回はウ×コネタばっかりかよ」という声が聞こえつつ、まだまだ引っ張ろうかと思っている三沢ですが、いい加減に呆（あき）れられそうなので、今回はこの辺で止めておきます。

　7月ツアーも最終戦の日本武道館大会も皆さんの声援に支えられて終えることができました。プロレスリング・ノアはこの8月で7年目に入りますが、これからも皆さんのご声援に応えられるように選手・社員一同、初心を忘れず頑張っていきます。まだまだ暑い日が続きますが、皆さん夏バテ、夏カゼに負けないようにご自愛ください。「いきなりマジメに締めるのかよー」と自分に突っ込みつつ、また来週ヾ(^-^)ゞ。三沢でした。

2006・7・21

　ちあーっす、やっと梅雨明けするのかな？と思うような天気ですが、皆さんいかがお過ごしでしょうか？雨が降っていても十分（？）暑く過ごしていた三沢です。多分、日本は湿気が多いからだと思うけれど、特にこの季節は雨が降っても全然涼しくならないよね。でもなぜか、いくら暑くて汗をかいてしまっても冬よりは夏の方が好きです。まぁ、夏場は薄着（うすぎ）でも許されるってのも大きいけど。

　ノアも昨年から"クールビズ"を取り入れるようになりまし

た。一昨年までは、社員はもちろん、取締役の選手も出社する時は基本的にスーツにネクタイだったのだけど、選手の体が大きいのは仕方がないとして、なぜか社員も太めが多いので、真夏のネクタイ&ジャケット着用はやっぱり効率が悪い！ということで、昨年からはノーネクタイでの出勤OKになりましたが、これが意外と難しい。

　うちの会社はどうも「冷房の設定温度を上げて省エネ&地球の温暖化防止」というクールビズ本来の目的から外れて"クールビズ=楽な服装でOK"と捉えている人が多いみたいで、しかも冷房の設定温度は以前のまま、という「??」な状況が続いています。

　メリハリは大切にしたいので、僕は会社に行くときは基本的にはスーツだけど、堅苦しい服装は好きではありません。というよりラフな服装の方がもちろん好きです。ぶっちゃけ44歳で普段から半ズボンを穿いているのは俺ぐらいかと。

　もちろん半ズボンといっても子どもの頃に穿いていたみたいな太ももの真ん中くらいの半ズボンを穿いているわけではなくて膝の少し下くらいの丈だけど、同じ世代ではあまり見かけないなあ。この丈って俺がガキの頃に大人が穿いているのをよく見た"バミューダパンツ"の長さなんだけど、バミューダパンツって若い方で知っている方は少ないと思いますね。

　わかりやすく説明すると、ステテコの長さが短い感じなんだけど……若い方ってステテコを知らないかもしれないですね。というわけで、ハーフパンツの少し細いものを昔はバミューダパンツと言いました。ちなみに半ズボンという言い方が正しいのかわかりませんが、これを太っている人が穿くと"ひみつの

アッコちゃん"に出てくる"大将"になります。

　そして泉田はこの大将にそっくりです。いや、そっくりというよりも、そのままだよね？　洋服といえばよくこちらのファンメールでも「洋服はどこで買っているのですか？」とか「サイズはいくつですか？」というようなお問い合わせをいただきます。他の選手と同様に洋服は海外に行ったときに買いだめしています。とはいえ僕のサイズはXXLなんだけど、向こうでも意外とXLまではいろいろ揃っていてもXXLになると、急にデザインや色が少なくなったりします。

　Tシャツはわりとあるんだけど、それ以外の服で苦労しますね。だから気に入ったデザインが見つかった時は色違いで何枚か買っておいたりします。ジーンズは38インチですが、これはアメリカでは多分一番売れるサイズなのかな？　種類は作っているけれど、売れてしまっていてなくなっていたり、丈が合わなかったりでこれまた苦労します。まぁ、あっちで買うと、丈が合えば裾をそのままで穿けるからかなり楽ですが。

　ちょっと話がそれますが、**普段着で緑色のものを身につけているとファンの方から「やっぱり緑なんですね」と言われます。"やっぱり"じゃありませんからっ。**ぶっちゃけそんなこだわりはありません。普段着は原色の方が好きということもありますが、関係ないというか、かなりたまたまです。だから緑色の服を着ているときにどこかで見かけても「やっぱり……」って突っ込まないでください。

　ついでだから靴の話をしておくと、靴のサイズは普通で28cmです。インチだと10になるのかな。ちなみに鼓太郎もフジマルも俺より足は大きいです。鼓太郎は絶対に29cm以上あるし、フジ

マルはさらに大きめのサイズの靴を選ぶから、3人の足だけ並べたら絶対に2人の方が俺より大きい人だと思われるだろうな。

　さてもうすぐお盆で帰省される方も多いと思いますが、当たり前だと思っていたのに、意外と自分の家だけでの常識だった食べ物ってありませんか？

　俺の場合はトマトです。今は夏というよりも一年を通して食べるトマトですが、このトマトに砂糖をかけて食べるのってアリですか？ これは俺の家では夏のおやつだったんだよなぁ。もしかしたら北海道限定だったのかもしれません。「えーー？」って思う方もいると思うけれど、意外とイケルので食べてみてください。

　さらに夏になると時々気になることは、最近の若い方ではタトゥーを入れている方が多いのですが、オシャレでしていると思うのですが、タトゥーを入れているとプールや温泉で入れないことが多いですよね。子どもがほしいなと思っている方は子どもと一緒に夏休みにプールに行ったりすることを考えると、もう少し待ってからでも良いのでは……？ と思う今日この頃です。子どもがプールに行きたがっても一緒に行けないですからね……。

　そんなことを考えているうちに7月も終わります。これからが本当の夏本番。夏休みを楽しむ人、部活一色の方、受験勉強の方、それぞれの過ごし方があると思いますが、夏の間に集中したことは秋には結果として出てくると思います。

　体調を崩さないで元気に夏を乗り切りましょう(^▽^)/。三沢でした。また来週。　　　　　　　　　　　　2006・7・28

ちあーっ。日本全国に甚大な被害をもたらした梅雨もやっと、明けたのかな？　でもテレビで明けたって言っていたから明けたんだろうな。こんなに暑い日が続くと、クーラーのない人はどうやって寝ているんだろう？クーラーがなければ絶対寝れない！　と思っている今日この頃です。

　さて今回の話題は……、この前、合宿のメンバー（プラス鼓太郎）と飲みに行ってきました。その中にはもちろん、ローソン大好き一平ちゃんも入っていました。鼓太郎の日記にも書いてあった一平の"ローソン好き"ですが、ナゼ、ローソンが大好きなのか、あの日記ではわからなかったのでここでローソン大好きのわけを暴露しましょう！

　合宿所の近くにローソンがあるのですが、一平はそのローソンに行ったままなかなか帰ってこない、と思ったら、どうやら彼はトイレでスッキリして帰ってきたらしい。合宿所から徒歩1分の場所なのにトイレを借りるあいつは一体……(´ヘ`)。

　ここでトイレといえば思い出す、知人の話。皆さんはコンビニでトイレを借りたことはあるでしょうか？　ここで"ウ◎コネタ第2弾"、パフパフパフ〜〜♪。僕の知人が突然「大」を催して、コンビニに駆け込んでトイレを借りたらしいんですが、本人としては相当切羽詰まっていたらしく……。

　カチャカチャカチャ（ズボンを降ろす）⇒⇒しゃがむ間もなく……（以下、自粛）⇒⇒ほっと一安心⇒⇒そこで気づく愚かな友だち……何と便器のフタが閉まっていたそうです……チャララ〜、チャラララ〜ラ〜Σ(´o`;|||)。で、その後どうしたの？って聞いたら、「いや……フタをあげまして……」って、最低で

しょ?!　こいつっっ。こいつって誰？　って思われますね。ノアの人間ではありません。ちなみに彼は北海道にいます。

　北海道といえば、先週の日記に書かせていただいたトマトの砂糖がけ。いろいろな方からメールをいただきました。地方を問わずに全国的にこの食べ方はあるみたいですが、特に北海道の方が多かったみたいです。意外とオーソドックスな食べ方だったみたいですね。

　ちなみに砂糖は舐めすぎると下痢をします。砂糖がけといえば、もうひとつ、子どもの頃は梅干に砂糖をかけて食べるのが好きで、食べ過ぎた時に思いっきり下痢をしました。この時に思い出したのが小学校の先生。年配の方だったのですが、戦後、砂糖が出回ったときに嬉しくて舐めすぎて下痢をしたという話。ちょっと思い出話になってしまいました。ちなみにトマトにも梅干にも砂糖はごく普通のスプーン印です。**今は砂糖のありがたみを感じることはなくなりましたが、少し前の時代までは砂糖の甘さがありがたかったものです。**

　あとはイチゴに砂糖も昔はよくあった食べ方ですよね。ここに牛乳が加わるとさらに贅沢な食べ方になるのですが、砂糖で食べるのも十分楽しみな食べ方でした。牛乳がけはあまりしなかったけれど、家にはイチゴを潰す専用のスプーンがあったよ。あれってイチゴの形をしていて、今考えると細かいこだわりですよね。

　今ではイチゴそのものが昔に比べてずいぶんと甘くなっているから、あまりしないのかもしれないけれど、子どもの頃は最終的なイチゴの食べ方は練乳でした。練乳は高級だったし、今と違って缶に入っていたんだよね。たまに買ってもらうと、量

が多いから、お湯で溶かして飲んでみたりしてたなぁ。俺と同じ世代の人ならわかってもらえると思う感覚なんだけど、どうでしょう？

というわけでカキ氷の一番の食べ方はイチゴミルクか、白玉金時な三沢でした。なんだか今回も雑談で終わってしまったなぁ。飲みに行った話を書くつもりだったんですが……、あっ時間だ!!（←ココは「何の時間だよっ」って突っ込むところですよ）。

またの機会に書かせてもらいます。それではまた来週 ε＝ε＝ε＝ε＝┌(・∀・)┘。
2006・8・4

ちあーっす、暑いですねー。8月いっぱいはこの書き出しで引っ張ろうと思っている三沢どえーっす。

いやぁ、早々に申し訳ないけど……だりい……。暑すぎて、湿気が多すぎて……だりい……。

気を取り直して、今回は先週の続きから。というわけでもないけれどこの間、合宿のみんなプラス鼓太郎で飲みに行ったときの話です。みんなで"ちゃんこ"を食べに行きました。合宿に住んでいる選手は毎日がちゃんこだから、あまり珍しくないのかもしれないけれど、それでも自分たちが作ったちゃんこと本職の方がお店で出してくれるものは違うので、楽しみにしているみたいです。ちなみに僕たちが東京にいると時々行くお店は「佐賀光」といって地下鉄東西線の「南行徳」という駅から徒歩1分（かからないですけど……）のところにあります。今回は富士ヶ根親方（元大善関）のお誘いで行ってきました。「ちゃんこ」

はもちろん、出るものはみんなおいしいので、お近くの方はぜひ行ってみてください。

　僕たちはお刺身に始まり、馬刺しも牛刺しもいただいて、最後はしっかりちゃんこをいただきました。このお店ではオーソドックスな薄めの出汁でそのまま食べます。飲みながらお腹いっぱい食べた後は飲み屋に移動。みんなそれぞれいろいろな歌を歌っていましたが、一平は相変わらず「影山ヒロノブ」さんを歌ってました。好きだねー、いつもいつも。最近はあまり同じのばかり歌うからカラオケの演奏を途中でストップしてしまうこともあります。レパートリーを増やしてほしいものです。

　そして空が白んできた頃、そろそろお開きの時間となったのですが、鼓太郎の日記でもお馴染み「北の鮭弁」は浅草方面へと消えていきました……。ちなみに〇〇選手は酔うとスッポンポンになるらしく、鼓太郎の携帯に写メールが残っているのですが、今回はその惨状を目の当たりにすることなく終わりました。よかったよかった。

　話は飛んで8月といえば、旗揚げ戦の季節。旗揚げ戦の日も朝から暑い一日でしたが、その頃に比べて、ディファの周りの景色もずいぶんと変わりました。会社の裏もついこの間までは海だったのに、すっかり埋め立てられて、海は遠くなってますし、マンションが建って、ゆりかもめが通って、銀座へ抜ける新しい道ができて……本当にこの辺の変化を、観測している気分です。ちなみに会社の横にできた道をまっすぐ銀座方面へ進むとあっという間に銀座へ着きます。

　途中、ゆりかもめの「市場前」という駅があるのですが、ここには将来「築地」が引っ越してきます。あっ、築地は地名だから

引っ越してきたら、違う呼び名ですね。市場が引っ越してきます。魚は嫌いじゃないけれど、古くなった臭いが好きな人はいないと思うので、きっと新しい施設ではその辺の対策もしっかりできているんでしょうね。

　それから皆さんにご心配をいただいた肩ですが、浅子トレーナーから「動かさないで」ときつめに言われていることもあり、大人しくしていたら、少しずつですが回復してきました。ケガをした時に思うのは「あー、俺の車、オートマでよかった」ってことです。今回のケガも痛くて左手だけで運転をしていたのですが、オートマでなければ無理ですよね。でも、俺の免許は「オートマ限定」ではないよ。格好悪いよねー、誰とは言わないけれど、レスラーでオートマ限定の免許って（ちなみに数人います）(ﾉ°Д°)ﾉ。

　ということで、今週末はあっという間に試合。お盆の季節は東京湾の花火大会があったり、国際展示場でコミケがあったりして有明一帯はかなり混み合います。特に13日のディファに観戦に来られる方は夏休み真っ只中も重なって、電車も道路も混むので、少し余裕を持って出てこられることをオススメします。食事をするお店もかなり混雑するので、ディファでカレーを食べるつもりの方はよいのですが、お店で待ち合わせとか考えている方は、食事も待ち合わせも済ませてからこちらまで来たほうが安心かと思われますよ。

　こうやって考えると夏の楽しみ方も千差万別ですね。花火大会って埼玉や栃木にもあったのかもしれないけれど、夏休みは部活漬けだった俺には全くそんなことを楽しむ余裕もなかったなぁ。夏休みって練習が増える憂鬱な時期だったなぁ。特に高

校の時はインターハイもあったので大変。自衛隊や大学に合宿に行ったときは練習時間がきっちり決められていたから楽に感じるくらい、終わりの見えない練習をさせられて(?)いました。

　そんなこんなで学生時代の夏の思い出はほとんど思い出せない次第です。ということで、気を取り直して……これだけ暑いと皆さん、家の中ではどんな格好をしているんだろう? 俺は家ではほとんどパンツと短パン1枚。変な話、胸の大きな女性は汗もかいたりして大変なんだろうなぁと思ったりします。それでなくても、この季節、女性はムダ毛の処理にも気を使いそうですし……、というわけで「キレイなお姉さんは好きですか??」……バリバリバリバリ……三沢でした。

　唐突ですが、また来週っ≡≡≡^(;~_~)ノ!!　　　　　2006・8・11

ちあーっす、三沢です。お盆も終わり、夏休みも残りわずかとなった今日この頃、皆さんいかがお過ごしでしょうか?

　ファンの方ならご存じだと思いますが、ノアは毎年お盆の季節には試合が入っています。今年も8月13、14、15日と3日連戦でした。

　まずは13日(日)ディファ有明大会が終わり、宇都宮へ移動。途中のサービスエリアで食事。サービスエリアのレストランは22時までのところがほとんどなので、ギリギリで食べられました。宇都宮のホテルへは23時少し前に到着。そのまま寝ようと思いましたが、結局「ちょっと一杯飲みに行こう」ということ

になり、鼓太郎&一平と宇都宮駅前まで出てみると赤く光る看板を発見。初めての"白木屋"を体験しました。昔から"シラキヤ"なのか"シロキヤ"なのか小さな疑問だったのですが、今回初めての体験で"シロキヤ"ということがわかりました。ちなみに俺は"魚民=ギョミン"だし、"笑笑=ショウショウ"と呼んでいます。知らないでやっていたらかなり恥ずかしいものがありますけどね。わかってやっているので、そろそろ誰も突っ込んでくれません。

　話を戻して……、2時にはホテルに戻り翌日は仙台へ移動し、ホテルにチェックインをしてから会場入り。試合のことはサイトのレポートを読んでいただくとして、その日も仙台の知り合いと飲みに行ったのですが、俺は4時で先に退散。鼓太郎&一平は知り合いに連れ去られて行きました。翌日聞いたら7時まで飲んでいたそうですが、それでも試合はしっかりやっていたので、"若いって元気だなぁ"と感じました。

　さて翌日の皆瀬(みなせ)大会は恒例のイベントでしたが、今年で最後の予定です。試合前にテントのところとかにいる僕たちに「今年で終わりなのは寂しいです」「また来年もやってください」と言ってくださる方がたくさんいらっしゃいました。寂しいのは僕たちも同じなのですが、これはもちろんノアの事情ではなくて主催者さんの事情があります。当初は「皆瀬村」というところが主催でこのイベントを行っていたのですが、市町村合併に伴い皆瀬村ではなく、「湯沢市」になりました。となると、もちろんイベントも今まで通り皆瀬だけで企画をするわけにもいかず、湯沢の皆さんと調整が必要になってくるんです。声をかけてくださる方々は事情をご存じない方もいらっしゃったみたい

で、こちらからも強くは言えなかったのですが、そんな理由からです。野外の試合は最近ではなかなか経験することも少ないので、機会があればまた呼んでいただければと思います。

　試合の方はこの日もサイトで確認していただくとして、だいぶ治りかけていた右肩ですが、この試合でまた痛めてしまいました。まぁ、次の試合まで1週間以上あるので頑張って治しまーす（頑張りようがないんだけどね……）。ちなみにこの皆瀬、野外ということもあり、もちろんシャワーがありません。でもそのままバスで東京へ帰るので、やはりなんとかしたい……。ということで使用させていただいたのが子ども用の小さなプール。もちろん水です。しかも山の水だからこれが冷たい冷たい！　俺と小川で悲鳴をあげながら水のシャワーを浴びていました(ノ;゜_゜)ノ。

　そしてバスは一路東京へ。会社へ着いたのは4時半くらいだったのですが、なぜか眠れなくて、バスの中でずっとゲームボーイをやってしまいました。いやぁ、あれは暗いところでやるとやっぱり目に悪いね。目が疲れたなぁ。

　さて冒頭でも書きましたが、夏休みも残りわずか。学生のときはこれくらいの時期って宿題をやっていなくて焦ったなぁ。それに夏休みが残り少なくなると寂しくて、"あと10日、あと1週間"って思う頃は切ないんだよね。まぁ社会人の方はとっくに仕事が始まっていると思いますが、学生さんも社会人の方もこの夏の経験をこれからの人生に活かしてください。**◎◎な経験をされた方も苦い経験をされた方も多いと思いますが、これからの人生に役に立つとプラス思考に考えて頑張ってほしいものです。**

2006

「この夏、◎◎な経験をした人」、メール募集しています、(°◇°)ノ。ぶっちゃけ俺から◎◎なネタは書けないけれど、皆さんのメールでの◎◎ならゼンゼンOKなので。

　俺の日記を見て「何だよ、三沢、下ネタ少ねーよ」と思っていた方、そういうわけなので、メールお待ちしております。言っておきますけど、俺にとってウ◎コネタは下ネタじゃありませんのでっ‥((((∧(;・_・)ノ!!。

　それでは皆さんまた来週。三沢でした。　　　　　2006・8・18

ち　あーすっ、明日から試合が始まるので「頑張るぞ」と自分に言い聞かせている三沢です。
　　　今回はまずは先週行われた"焼肉ファミリーイベント(別名：鈴木家救済企画)"。

抽選で当たった方、楽しんでいただけたでしょうか？ 外れた方は残念でしたが、またの機会にぜひ参加していただければと思います。俺としては、それなりに楽しく飲めたかな、と思っています("それなり"ってどーいう意味だよっと突っ込みつつ……)。ひとつ気になったのは森嶋。だいぶ酔っ払っていたので、イベントに出た方は、大丈夫かな？ とご心配だったかと思いますが、翌日の15時に森嶋から電話があって、5時に東京駅で解散した後のことは全く覚えていないそうですが、大丈夫だったみたいです。

　森嶋が酔っ払った時に、ぶっちゃけ俺たちが思ったのは「どうやって運ぼう……」ということ。力の抜けている130kgってかなり重いですよ。普通の女の子だって力が抜けていたらかな

り重いはずだし（運んだことはないけれど……）、選手は酔っ払うとかなり重いからねーー。ちなみにファミリーはイベント専用の焼肉屋さんではないので、通常営業中もお近くの方はぜひ、お立ち寄り（?）ください。

さて今週、次の話題。やってきました"健康診断"。朝7時に起きて、8時半から健康診断。と言うより人間ドッグ（ワンワン……そのドッグじゃねーだろー、と一人で会話を成立させながら……）。仕事で朝が早い時にいつも思うんだけど、朝が早いのはそれだけで体に悪いね。俺にとっては早起きは三文の得ではありません。そもそも夜型の人間に21時以降、何も食ってはいけないというのは辛いところ。倖田來未は偉いなぁと思っている三沢です。

今回も大変でした。もちろんバリウムです。まずは部屋に入る⇒（俺）いきなりイヤな顔をしている⇒（悟った先生）三沢さん、バリウム嫌いですか?⇒（俺。すかさず）大嫌いです!……だいたいバリウムを好きな人なんていないよなー。**発泡剤を飲ませておいて「ゲップしちゃいけない」ってどういうこと?** みたいな気持ちを抑えながら、バリウムと発泡剤を一気に流し込む。真横になって3回転。この時点で冷や汗と普通の汗で汗ダ

ラダラ。実際の時間はそんなに長い時間ではないのだと思うけれど、俺的には辛い時間だったねー。

　そして終わって汗ダラダラの俺に先生からの一言が「三沢さん、試合より汗をかいたでしょう?」。続いて「小橋さん、大丈夫ですか?」。小橋は今、自宅で療養をしています。皆さんにご心配いただきありがたいかぎりです。

　そんな会話を交わして部屋を出たら、ドッグ着（というのかな?）が汗で濡れているのは俺だけ……(/o\)。下剤を6錠渡されて、その場で2錠をすかさず飲みました。2日間はウ◎コが白かったねー。と書くとバリウム未経験の方は誤解されるかもしれませんが、真っ白ではありません。茶色が黄色になるくらいという感じかな。ちなみにこれはビロウな話ではなくて、医学的な話です。

　検査が一通り終わって、受付の方に「血液検査以外の結果は30分待てば聞けますが、どうしますか?」と聞かれたのですが、その30分の間に下剤が効いて何かあったら困るので、結果は郵送してもらうことにして帰ってきました。結果が届いたら、またここで報告します（イヤ……、しないかも……）。

　さて冒頭にも書きましたが、明日から試合が始まりますが、まだまだ暑いこの時期、ケガをしないように頑張りまーす。

　ウ◎コ◎ンチン（わかる人にはわかる、懐かしの加藤茶さんギャグです)\(゜◇゜\)｡｡｡｡｡｡｡｡｡何でこれが締めなんだよーという声が聞こえますが、また来週。　　　　　　　　2006・8・25

ちあーっすっ。ただ今、体育館はまだまだ暑い。ナビ真っ最中の三沢です。
「ナビって何だよ!?」。ウチの場合、各シリーズのタイトルには"NAVIGATION"という言葉が必ずついています。つまり「何々ナビゲーション」というのが各シリーズのタイトルになります。

"巡業中"は古くさいし、"シリーズ中"と言うのも抵抗あるし、それに"シリーズ"はついていないし、"ツアー中"でもないしなぁ、というわけで"ナビ中"です。今度からはこれでいきましょう。"ナビ中"。試合中も巡業中も"ナビ中"と言っていこうと固く心に誓っています(~ー☆)。これを読んだら、会場で見かけた際には「今、ナビ中ですよね」とお声をかけてください。

ナビ中とはいえ、まだ関東を中心とした"通い"(以前、この日記でも書いたような気がしますが、東京から出発して東京に戻ってくる泊まらない日程です)なので、あまり面白いネタがないというか……。面白ネタは地方での泊まりの際に何かあったら書きます。

さて涼しかったり暑かったりして寝苦しい日々が続きますが、皆さんはどうされているのでしょうか? 僕は起きるまでクーラーをかけっぱなしにしています。しかも先日は寝汗をかいてしまって途中で温度を下げました。きっと体にはよくないのですが、この季節はちょい肌寒いくらいにして、毛布にくるまって寝るのが気持ちよいと思うのは俺だけでしょうか?

もう少しすると爽やかで二度寝が嬉しい季節です。というわけでふと気になりました。皆さんはどんな目覚ましを使っているのでしょうか? 目覚ましって意外と難しいですよね。電気式

のものを使っている方はこの前みたいな停電があったら、時計が止まってしまって、起きられずに困るだろうし、電池式でも電池が切れていたら同じ。目覚まし時計を選ぶのは難しい……。

　多分、今は携帯を目覚まし代わりに使っている方が多いと思うのですが、僕は携帯の目覚まし機能の使い方を知らないので、使えない。それに、携帯を目覚まし代わりに使っていると、やっぱり電源が切れていたら困るし、それを防ぐには枕元に電源も必要だし、何より、電話やメールが来たら、目が覚めてしまうってことですよね。携帯を目覚ましに使ったときのイチバンの欠点はそこかな。

　じゃぁ、何を使っているんだよ！　という声が聞こえてきそうですが、僕が使っているのはコレ。ウルトラマンの目覚まし時計です（"それも電池じゃねえかよっ"と自分に突っ込みつつ……）。"テッテレー、ピュンピュンピュン"と変身音が鳴ります（でも僕はオタクじゃないよ）。これから、涼しくなったら寝やすい時期です。お互いに寝坊には気をつけましょう。

　ちなみに僕は昔、遅刻魔でした。車で移動することが多いってのもあるけどね。昔は友だちと会うとか飲みに行くとかというときには、絶対にとまでは言いませんが、1時間遅れるのはザラでした。友だちも飲んでいるから、まぁよいかと思ってしまうのですが……。

　飲みに行くといえば、またまたまたまた若い選手と飲みに行ってきました。今回行ったカラオケボックスはいろいろな貸し出し用の衣装があったところなのですが、そこで立ち上がっ

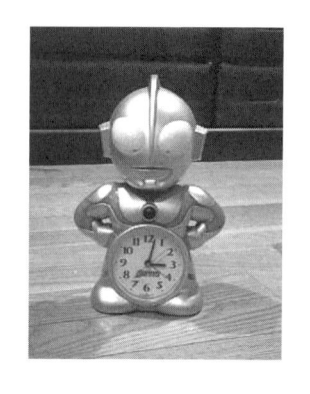

たのが一平。女子高生の格好をして、俺たちのいたボックスに入ってきたのは良いのですが、すかさず鼓太郎が小声で「社長、無視、無視。無視しましょう」と一言。本人はウケると思って入ってきたのに、みんなが完全に無視したもんだから、ボックスの端っこで寂しそうに座る一平でした。「これウケるだろー」と思っていたのにウケないと寂しいんだよね。まぁ、それも一平の良い人生経験になってくれれば、と思う三沢でした。

　最後に……、谷口のターミネーターの真似は絶品です！！！

　♪ダダダッ、ダダダ、ダッ♪(o- -)oダダダッ、ダダダ、ダッ♪
それではまた来週〜〜〜三ヾ(*゜-゜)ノ。　　　　　　　2006・9・1

ちあーっすっ、ナビ中真っ最中（わからない方は先週の日記をご参照ください……というかあと1日で終わりです）、試合的には短い方の"ナビ"でしたが、ちょっとお疲れ気味の三沢です。

　前半は近い通いの日程だったのですが、通いって意外と疲れるんだよねー。ということで、まずは簡単に前回の日記以降の日程を振り返ります。

　2日（土）のディファが終わって富士まで移動。翌日は3日（日）の愛知県体育館で、この日は富士のホテルを朝出発して、会場へ直入り。試合のことはサイトでご確認いただくとして、

翌日が休みだったので、試合が終わっていつものメンバー（小川、鼓太郎、一平）で、いつも通りのご飯（焼肉）。ナビ中の食事は試合が終わってからだと時間が遅いので、どうしても焼肉か居酒屋になってしまうことが多くなります。

　で、この日は僕はあまり食べなかったので、焼肉をつまみに飲んでいた感じで、最後の方で「焼酎が濃くなってきたなぁ」となんとなく思った記憶はあるのですが……、いつの間にか酔っていたみたいです。

　3日は試合が16時からだったので、普段18時半からの試合の後に飲みに行くパターンに比べれば出だしが早かったのもあり、あまり覚えていないのですが、多分僕は2時くらいに帰ったんだと思います。小川、鼓太郎、一平はその後また飲みに行ったらしい。後から聞いて"俺も誘ってほしかったなぁ"と思う三沢でした。

　で、翌日の夕方、「電話に出れなくてすみませんでした。携帯を変えに行っていました」と一平からメール。"俺、電話していないのになぁ、それに一平はなんで携帯を変えに行ったんだろうなぁ"と考えていたら段々と記憶が蘇ってきました。そういえば俺、酔っ払って一平の携帯を焼酎の水割りの中に入れてかき回していたかも。たしか♪スーイボーツクン、スーイボーツクン（onガリガリ君ミュージック）♪って歌っていたような……。

　ちなみに俺は翌日一平に電話をしていません。多分、機種変さらに行っている間に電話がかかっていたのかも、って思ったんだろうなぁ。悪かったなぁ、一平。と、本人には直接謝らずにここで謝っとこ(￣◇￣;)ゞ。だけどたしかに1発目は俺だけど、その後、小川と鼓太郎からもやられていたから、本当は誰のが

決定打かわからないかも。聞くところによると1発目でバイブが止まらなくなっていたらしいけど。2発目の小川はビールのジョッキに入れてかき回していました。

　皆さん、飲みすぎには注意しましょう。「皆さんじゃなくて、お前がだよっ」と突っ込みを入れたところで、飲みすぎと言えば思い出しました。健康診断の結果が来ました。血糖値と尿酸値は正常範囲で一安心。悪いところはいくつかありましたが、日々の節制で何とかなる感じですのであまり心配しなくて大丈夫です（と自分にも言い聞かせて……）。やっぱりというか予想通りというか肝臓（かんぞう）の数値が悪いのですが、これは飲みすぎ。やはり飲みすぎには注意しましょう。

　さて明日は今回のナビ最終戦、日本武道館です。メインイベントのGHC選手権はもちろん、その他の試合も会場で観ていただくのが一番楽しめると思いますので、お時間のある方はぜひ、お越しいただければ、と思います。

　それでは今回は巡業中の反省日記みたいになってしまいましたが、この辺で。また来週(^▽^)/。　　　　　　　　　　2006・9・8

　　ちあーっす。だっりー。めちゃくちゃだっりー(o_ _)o。風邪をひいている三沢です。前回の日記と少し日にちがかぶりますが、まずは続きから。

先週木曜日に試合が終わってシャワーを浴びずに東京まで移動。"風邪ひきそうだなぁ"という予感はそのときにすでにあったのですが、大丈夫かなぁ……と不安を感じつつ風呂に入って就寝。明くる日、やっぱ来た。来てるよー。だっりーー。熱を

計ったところ、37℃ちょっと。やっぱり来たか、と思いつつ、この日はお世話になっている方のパーティーに18時から23時くらいまで出席。0時、家に着いて即就寝。

　皆さん知っての通り、土曜日は武道館で試合。**熱が下がらなくて咳が止まらなかったのですが、何とか頑張って試合をしました**。どうだったでしょう？ 辛かったけど、自分としては集中して試合をしたつもりです。新技の試し斬りも成功したし。まぁ何とか今回のナビも（無事ではなかったけど）無事終了。

　で、土曜日に試合が終わってから聞いた話。一平が風邪をひいていたらしい……。あいつかぁ……。「僕、風邪をひいていたのですが、僕からうつったのでしょうか？」。一平、お前だよ！！！俺の風邪は付き人からうつされることが多いんだよね。ちなみに以前は、よく鼓太郎からうつされていました。

　さて話は変わりますが、ここでノアのターミネーター（谷口）ネタをひとつ。"某北の鮭弁"のお店の企画で"ヤクルトを7分以内に30本飲んで、30分ガマン（ゲ◎＆ウ◎コ？）する"というのがあって、鮭弁曰く、ウチのメンバーで成功した人はいないとのこと。参加者はそれぞれ1万円ずつ出し合って達成した人が全額をもらえるというルールなのですが、過去に潮崎、平柳、一平が失敗しているらしく、彼らの体験談では、まず全部飲みきるのが大変だそうです。その話を聞いて奮起した谷口が挑戦。やってくれました。うちのターミネーター。さすがです。

　この日は5人参加していたのですが、まずは制限時間内に全部飲みきる。ここで5万円が2倍、さらに倍っ、ドンッ（大橋巨泉風に）！ 賞金が10万円にUP！ 飲み終わったあとのガマンタイム30分では歌まで歌ってくれました ε=(@.@;)。というよりも

30分間、カラオケを歌い通しで見事に10万円Get! ちなみに俺は3本で飽きました。でもヤクルトって体に良いらしいので、皆さん健康に気を使う方は一日1本を心がけましょう（ヤクルトのおばちゃんかよ、俺はっ）。ヤクルトが体に良いのなら、ジョアはもっと体に良いのかなぁ、やっぱヤクルトかなぁ。

　さてこの季節、また暑くなったり寒かったり気温の変化が激しい気候が続きますが、皆さん、僕みたいに風邪をひかないように注意しましょう。病気になると憂鬱だし、だっりーで何もやる気がなくなるからね。俺は風邪をひくとトイレに行くだけでだるいよ。いくら一平でも風邪をひいたらローソンまで行かないだろー。

　ちなみに先週の日記の後日談として、一平の携帯はピンク色になっていました。なんでピンクだったんだろう。白とピンクがあったら、普通は白だよなー。ピンクにしないよなーとつぶやいている三沢でした。

　ただ今、ノアはオフ中ですが、イベントなどで皆さんと会える機会があると思いますので、ぜひ参加してください。その時までに風邪をしっかり治しておきます。ゲホゲホッ(≧o≦;)。また来週〜〜。三沢でした。

2006・9・15

ちあーすっ、だいぶ涼しくなってまいりましたが、まだまだ暑い日がありますね。でももう残暑はないザンショ?とおやじギャグをかましつつ三沢です。

　いやぁ、今回の風邪はだいぶ死んだ。治るのに1週間以上かかったね。咳がきつくて治るまで2回も病院に行きました。風

邪で病院に2回行くってすごいよねー。2回目に病院に行ったときに抗生剤を処方してもらったのですが、最初から出してくればいいのになーと思った三沢です。

　俺は意外と抗生剤とかの効果があるタイプなんだよね。もちろん乱用はいけないけれど。麻酔もよく効くのですが、歯医者さんとかで誤解されて体が大きいから効かないと思われることがあります。何気によく効くタイプです。余談ですが、俺のあと同じ症状の風邪に永源部長がかかって病院に行きました。俺がうつしたのかなー。ちょっとしゃべっただけであまり接触していないのになぁ。ちなみに永源部長が風邪をひいているところ、プロレスに入って初めて見ました。日常生活は健康的に過ごしている永源部長なので、早く元気になってほしいですね。

　さてこの風邪の真っ只中に会社で来年のカレンダー用の写真撮影をしました。暦の上でも実際の季節でも、もう秋なんですね。一年って本当に早い。**30歳まではあまり思わなかったけれど、30を過ぎたら一年があっという間で、最近本当に一年を短く感じます。しかもオフの時間はあっという間**。オフはもっと時間がほしいけれど、ナビ中（わからない方はバックナンバーをご参照ください）は早く時間が過ぎないかなぁと思います。学生の時や若い時、特に体育会系の人は苦しいことが多いから、時間が早く過ぎろーって考えますよね。

　反対に楽しい時間は早いよね。皆さんも彼氏や彼女と一緒の時は早く時間が過ぎるでしょ？　昔は休憩タイムの2時間ってすっげー短いなぁと思っていました（←これはわかる人にだけわかれば良いポイントです）。今もまだ休憩タイムって2時間なのだろうか？　ってしつこいゾ、このヤロー（長瀬さん風）。

今回はこれといって面白いネタがあまりなくて、俺の頭の中の小人たち（byマイボス・マイヒーロー）も頑張ってくれたけど風邪で死んでいたので、そりゃネタもないよね。
　というわけで夜はだいぶ過ごしやすくなってきた今日この頃ですが、お気づきの方もいらっしゃると思いますが、マイブームは長瀬さんだ、このヤロー!!(-_-) =○。もちろんTOKIOの長瀬さんです。そっくりです(~▽~)v。この日記を読んで「マイボス・マイヒーロー」を観ようかなと思った方もいると思いますが、残念ながら放送が終わってしまいました。再放送（って言うか、いつやるんだよ、このヤロー）を観てください。似てるから。でも同じことをずっとやっているのに、わかってくれる人が周りにいなくて寂しいんだよねー。
　ちなみに意味がわからない時は「ハニャヽ(。_。゜)ノ?!」と言います。この長瀬さんシリーズはやっている人がまだいないから俺がオリジナルです。さらに話が飛びますが、国分さんは俺のひと回り下になります。ということは志賀と一緒ですね。仕事で一緒だったときに本人が「寅年です」と自己紹介をしてくださいました。TOKIOの皆さん、頑張ってください。
　と微妙な締めになったのですが、今日から2日間、札幌のイベントに出演してきます。お近くの方はぜひ、お運びください。それではまた来週。三沢でした。　　　　　　　　2006・9・22

ち　あーすっ、今回はちょっと先週の話になってしまいますが、先週の土曜日（秋分の日）、イベントで北海道に行ってきました。ほっかいどー、でっかい

どーーっ"o(*~o~)o"（ギャグ？ が古いっちゅーねんっ）。

イベント出演は土曜日のみで、前のり（イベントの前日に現地に入ることです）です。朝8時に起床、11時に会社の予定だったのですが、実際には11時半に会社を出発しました。別に俺が遅刻したワケじゃないですよ……。ただちょっと渋滞していただけで……。家は予定通りの時間に出ているし……。

さて札幌に着いてすぐに北海道の皆さんにはお馴染みスピカの屋上で次回の札幌大会（11月25、26日です。よろしくお願いいたします）のPR用VTR収録。収録はぶっちゃけ5分で終了。前後の時間を入れても10分くらいだったかな。その収録が終わって、次は雑誌の取材。

その後、このイベントのお話をくださった方と打ち合わせを兼ねて食事。生ガキをいただきました。ナビで地方へ行くことが多い僕たちですが、**実はナビ中は体調を崩したくないので、生モノはあまり口にしません**。この日は試合ではないということで、おいしくいただきました。この牡蠣でかかった！ 久しぶりに生の牡蠣を食べたので、少し不安はよぎりましたが、平気でした。

その後、季節の味覚ということでサンマをいただいたのですが、これもまた大きい。さすがに北海道は大きい。ということ

で「ほっかいどー、でっかいどー"o(*~o~)o"」。ココへつながるわけです。サンマといえば、一夜干しとかの開きの方が好きだったのですが、やっぱり生を焼いたものもおいしいですね。

　その後、一軒、ジャズの生演奏が聴けるお店へ行ったのですが、そこでピアノを弾いていた方が10年くらい前に僕にご馳走になった、と話しかけてくれました……が、もちろんお酒の席でのことだったので、覚えていません(´＿｀lll)。でも律儀に覚えていて、応援してくださりありがたいかぎりです。この日は先方と1時くらいにお別れして福田レフェリー(福田レフェリーはぶっちゃけ使えない僕の秘書です)と一緒に札幌ではいつも行く寿司屋に行き、明け方の5時くらいに札幌の知り合いと一緒にお店を出ました。

　で、お店を出てからその知り合いが「社長、ハンバーガー食べないですか？」と突然言い出し、何のことかと「？？？」になっていたら、彼が言うには「社長、帰りにいつも買うから」とのこと。そんなことしてたかなぁ。あまり自覚がなかったのですが、知り合いには印象的だったようです。というわけで明け方5時過ぎの帰り道にハンバーガーを買いにマックまで行ってくれたのですが、閉まっていて、さらに「ロッテリアがあります」とロッテリアへ。やはり掃除中の看板が出ていました……。周りの方には変わった3人組に見えたと思います。

　そしてイベント本番。1時からの出演だったので11時半にイベントの会場になっていたスピカ入り。前夜食事をご一緒した方がMCでした。登場した瞬間にタイガーマスクを被っていたので、「少し難しいかも……」と思ったのですが、来てくださった方は楽しんでいただけたでしょうか？　こういうイベントに出

演させていただくと、プロのMCの方は本当にうまいな、と改めて感心します。イベント自体は30分のトークとサイン会だったので、まさにあっという間という感じでした。

そして2時過ぎに移動して、次は「よるたま」という北海道限定のTV番組収録でした。五十嵐浩晃さん、かみむらしんやさん、ふれさわひろみつさんの3人が司会の番組で、俺的には楽しかったです。またよろしくお願いいたします。

番組の詳しい内容は放送をご覧になっていただくとして、2人1組でゲームをしたのですが……、五十嵐さん、どうもありがとうございました。イメージプレイが好きな◎◎さん、僕の足をひっぱってくれたかみむらくん、今回はありがとうございました。ちなみに、かみむらくん（彼は"トータルリコール"でシュワちゃんが変装する前の女性に似ています）は一段と太ったように見えるのは気のせいでしょうか？ 今回は慌しかったので、次の日が休みのときにまた、仕事プラスお食事をしたいですね。

というわけで慌しく行って帰ってきた北海道ですが、

無事にお仕事終了です。2日目は朝から食事を摂れず、帰りの飛行機の中で夜、豚丼を食べたのが初めての食事になりました。せっかくの北海道でしたが、それくらい今回は慌しかったので、今度はゆっくり行きたいですね。

　来週はいよいよ10月ツアーが開幕します。皆さん、ご声援をよろしくお願いいたします。ほっかいどー、でっかいどーーっ"o(*~o~)o"。

2006・9・29

　ちぁーっす、行ってきましたハワイツアー、三沢です。参加してくださったファンの皆様、楽しんでいただけたでしょうか？ ヒロシはちゃんと生活できているでしょうか？（内輪ネタです）。

　いいねーハワイ（仕事じゃなければもっと良いけれど……）。今回のツアーは参加者の方が少なかったので、できるだけ一緒に行動を、と思い頑張りました。どうだったでしょうか？ こんな言い方はファンの方には失礼かもしれませんが、人数が少ないとやはり身近に接することができますよね。人数が増えると、どうしても一人ひとりのファンの方と接する時間は短くなってしまうので、今回はわりと狙い目だったかもしれませんね。

　イベントやトークショーで呼んでいただいた時に、主催者の方が「もっとたくさん集まらなくてすみません」みたいなことをおっしゃってくださることがあるのですが、**俺的には人数は少ない方が、せっかく参加してくださった方と近くに接することができるから全然OK**。参加の方が多ければもちろんあり

がたいのですが、イベントの時間が決まっているから例えばサイン会などでも"サインだけして終わり"みたいな感じで一人ひとりの顔を見る余裕もなくて申し訳ないなぁ、と思うことが多々あります。人数が少ないときは一人ひとりちゃんと顔を見たり、よく来てくださるファンの方だったら、話しかけたりすることもできますし。

　少し話が横道にそれてしまいましたが、じゃあ、ちょっとハワイの話でもしましょうか。今回は食事を中心に今回のツアーを振り返らせていただきます。旅行の楽しみのひとつはやはり食事ですよね。ただ俺ってハワイに行っても日本食が中心なので、食事の面で皆さんが満足していただけたかは疑問です……。

　まずは行きの飛行機から。飛行機の中で寝ようと思っていたのですが、映画を3本観てしまい、結局眠れずにハワイ到着。ちなみに①『X-MEN』②『ポセイドン』③『森のリトル・ギャング』です。どれも観ていなかったのですが、俺的には3本とも"まあまあ"ってとこかな。

　初日はみんな移動で疲れていると思うので、夕食は少し早めに18時30分に出発して中華を食べました。この日は食事以外は自由行動で解散。

　そして2日目。若い方はご存じないかもしれません。♪この〜木、何の木、気になる木ぃ、みんなが集まる木ですから〜〜♪（←←おいおい、もういいよっ(°▽°;)）で記念

撮影。

　昼食はノア・ホノルル支部ケンちゃんオススメ"テールスープ"を食べに地元のボウリング場まで行きました。地元の人が薦めるだけあって、安くておいしかったです。晩飯はハワイでよく行く居酒屋へ。このお店にはノアのポスターが貼ってあります。

　そして3日目。昼食はお馴染みアラモアナショッピングセンターのフードコート"MAKAI MARKET"で各々好きなものを食べました。ちなみに僕は8$くらいのスモークチキンプレート。食事をしてから同じくアラモアナショッピングセンターの白木屋さんにある「BOOK OFF」へ。

ここはアメリカ初、ノアのオフィシャルDVDを発売しています。BOOK OFFですが、日本と違って新品を売っています。英語の解説も入っているので、英語で解説を聞きながら、試合を観たい方はチェックしてみてください。

　そしてこの日の夕食はしゃぶしゃぶ……、っていうかアメリカだよね?? 日本食しかないじゃんっ! と自分に突っ込みつつ、4日目です。

　この日は昼間は自由行動。最終日ですので、今度こそハワイらしく夕方から"サンセットクルージングディナー"に出かけました。日本語に直すと"夕陽が沈むのを眺めながら船の上でおいしいお食事を"ってことですね。まぁ、ぶっちゃけ食事はバイキング形式ですが。そこで……来たよ、来たよ ーーー 。。。(((;ノ^_^)ノ。
わかりやすく言えば"壇上にあがって一緒に踊りましょう"って

感じ(?)。ずいぶん前にも、やっぱりハワイでポリネシアンダンスを観に行ったときもあったんだよね。その時も会場から選ばれた人間、5、6人で踊りました。

　こんな感じでファンの方と近くに接することができた4日間でした。楽しんでいただけていたら良いのですが。これを読んで面白そうだな、と思った方、次回ぜひ参加してください（ただ、次回は人数が増えていたら、ここまで密着した企画は難しいかと思いますが……）。参加された皆さん、ありがとうございました。そしてお疲れ様でした。

　さて今日から10月のナビが始まります。今年も残すところあと2ツアーとなりますので、お近くにお邪魔した際にはぜひ、会場に試合を観に来ていただけたらと思います。それではまた来週。三沢でした。

2006・10・6

ちぁーすっ。昼間はまだまだ気温が定まりませんが、夜は肌寒くなってきましたね。とはいえ、風呂上がりはまだ扇風機を使っている三沢です。やっぱり即効性

があるのはクーラーよりも扇風機だよね(。·◇·。)。

さて10月のナビが始まって1週間が終わろうとしていますが、皆さん応援に来てくれたでしょうか？ 開幕戦では一平が負けてしまいましたが、この悔しさをバネにして成長してほしいものです。

前半の1週間は"通い"だったので何気に忙しく、ネタになるような面白いこともあまりありませんでした。今日から地方ということで(……オイオイ0時に更新されているのに、今日書いているのかよー、ウソつくなよー、という細かい突っ込みが聞こえますが、無視して……)次回は何か巡業ネタが書けると思います。

そういえば、ディファの時、久々に『ディファ有明横断ウルトラクイズ』が行われました。クイズもですが、久しぶりに"あさりど"プラス"かとゆき"に会えてとても嬉しかったです。試合前だったので、あまり時間がなく、込み入った話はできなかったけれど、3人とも元気そうだったので何よりです。

3人にはノア旗揚げ当初からサムライさんで放送されていた"NOAH'S ARK"という番組で司会をしていただいていました。新しいファンの方はご覧になったことのない方もいらっしゃると思いますが、またNOAH'S ARKみたいな番組があれば良いなぁ、と思うのは僕だけでしょうか。選手は試合を観ていただくのは

もちろんですが、リング上以外の顔を知ってもらえば、試合にも、もっと興味を持ってもらえると思います。だからこのサイトでもできるだけいろいろな選手に素顔や今考えていることを率直に書いてもらえればファンの方も選手やノアに親しみを持ってもらえるのではとも思います。

　さて、最初にも書きましたが、暦の上だけではなく、朝晩の冷え込みからもすっかり秋めいたことを感じる今日この頃ですが、**「秋」と言えば、皆さんは何を思われますか？ 世間的には「食欲の秋」「読書の秋」「スポーツの秋」……いろいろありますが、俺的にはそんな情緒もなく、ただ単に"寝やすくなる秋"です。**

　夏バテも特にしないから、夏になって食欲が落ちるということもないですし。ただ夏場は飲みに行って朝、外に出ると陽が高くなっているのですが、この季節は朝方、お店の外に出た時にまだ暗いと少し安心します(;´∀`)ゞ。服装もいろいろと難しい季節だと思いますが、まだ長袖1枚ではおるものがなくてもギリギリ行けるかな（それは俺たちだけだよ！ とまた自分に突っ込みつつ……）。

　それにしても、歳をとってくると何と言うか1年がたつのがあっという間で、早いなぁと思うことが多くなります。今月末には毎年恒例になったインフルエンザの接種だし、年賀状についての会話も出てきたり……で会社の業務は早くも真冬＆年末モードです。だからこそ一日一日を精一杯大切に頑張ろうと思う三沢です。って毎回思ってるんだよねー。成長ねーなーお前っ、と今日何回目かの自分突っ込みをしつつ今回はこの辺で。せっかくの秋ですので、皆さんおいしいもの食べてくださ

い。三沢でした。また来週ヾ(´ｰ`)ﾉ。　　　　　　　2006・10・13

ちあーすっ、ナビが始まって地方に出発してから1週間が過ぎ、移動やなんやかんや（お前の"なんやかんや"は酒だろ!）でちょっとお疲れ気味の三沢です(´ｰ`;)。

先週の金曜は大阪大会。前乗りして試合でした。試合はすでにテレビで放送しているので観ていただいたと思います。放送したのに観ていない方は……、知らんっヽ(-_-)ﾉ。

大阪の日は東京からワザワザ"北の鮭弁"（この日記にも度々登場している飲み友だちです）が応援に来てくれて、そういうときって嬉しいものですね。次の日がオフということもあり、まるで東京にいるかのごとく飲みに繰り出した三沢光晴ご一行。大阪ではいつもの和食の店（魚中心のメニュー）に行って、まずは食事（そのお店ではいつも何も注文せず、おまかせでやってもらっています）。そこで楽しく食事をしていると一平に谷口からメール。ついでに谷口も呼び出して合流。

食事を終えて、その後、知り合いのショットバーで一杯（"一杯"ってその前に大分飲んでんじゃねーかよー）。そこで気分が盛り上がって(?)きたので、そこは1時間で切り上げて野郎ばっかりでカラオケへ（「うぜー」とか「汚ねー」とかいう声が聞こえてきますが、そんなことはありません。野郎だけでも盛り上がるもんです）。ちなみに俺たちが行くと、カラオケボックスの温度がかなり下がるはずです。ビルが一括の空調だとかなりきつい。やはり部屋ごとのエアコンは欠かせないですよね（「今どきはどこだって部屋ごとにエアコンついてるよっ」という声

がまたまた聞こえてきますが、それも無視しつつ……)。

　各々好きな歌を歌いまくっていたら、久々に出たっ! 谷口のターミネーター!! まぁ、このときは俺がリクエストしたのですが……。これだけ書いていると一体どんなことなのか気になっている方もいらっしゃると思いますが、ヒントは"シュワちゃん登場シーン"です。見たことのない方、ぜひ借りて見てください。

　そんなこんなで例のごとく朝まで飲んでホテルにご帰還。飲んだ次の日って意外と腹が減って目が覚めるんだよね(……おいおい、次の日じゃないだろーー)。昼過ぎに目が覚めて食事に行って夕方また寝る。このときに幸せを感じるのは僕だけでしょうか?(「そもそも普通はそんな幸せ感じられねーよっ」とまたお叱りの声が聞こえてきます)。

　次の日は四日市で試合。大阪から2時間くらいだったので、この日も大阪から通いになりました。試合開始が17時ということもあってホテルに戻ってきたのが22時過ぎ。…………ということで…………三沢ご一行様、またご出動 ε = ε = ε = ┏(;・▽・)┛。

　日曜日で、開いているお店もあまりなかったのですが、焼肉屋さんで"焼肉+てっちゃん鍋"を食べました。で、その後でまたまた……♪チャララ、ラッチャラ〜、カラオケターイム(ドラえもん風)♪(←4次元ポケットは関係ないじゃんっ!)この日もまた朝までだったとさ……。

　さてナビもあと10日を切りました。最後まで気を緩(ゆる)めないで頑張ろうと思う三沢でした。──急に真面目で、いきなり"締(し)め"かよっと自分でも思うのですが……やはり締めつつ……。

　もうお気づきの方もいらっしゃると思いますが、私の日記は

写真があまりありません。これは決して携帯についているカメラの使い方を知らないわけではなく、ただ面倒くさいだけです。今後は気づいたら写真を撮るようにします(本当かよ?)ということでまた来週。鼓太郎は生き残れるのかっっ! 三沢でした。

2006・10・20

ちあーっす。なげっ、今回のナビなげっっ(T▽T;)と思うのは私だけでしょうか? 三沢です。
　　前回の日記は広島まででしたがその後、九州へ移動しました。前半は同じホテルに連泊することが多かったのである程度は休めたのですが、後半はオフを移動に使っていて純粋な休みがなく、だいぶお疲れ気味の三沢日記、リニューアル前最終回です。

　先ほども書きましたが、広島から南下して九州へ入り、今回のナビではノアになって初めてとなる宮崎大会がありました。宮崎のファンの方々は盛り上がっていただけたでしょうか?

　宮崎と言えば、高校生の頃に国体かインターハイかのどちらかで行ったことがありました。プロレスに入って初めて宮崎へ行った時にふとそんなことが頭をよぎったことを覚えています。ずいぶんいろいろなところに行っていて移動しているのが当たり前なので、あまりそんなことを思い出す機会もないのですが、高校生の頃のことだったので、珍しく思い出したんでしょうね。

　今回は1泊であまりゆっくりもできなかったのですが、今度はゆっくりできる日程で行きたいですね。宮崎の皆さん、その

時にはまたご声援をお願いいたします。

　さて翌日は宮崎のホテルから長崎の会場へ直入り。試合が終わってから俺たちのバスは博多へ戻ったのですが、俺と鼓太郎、一平は食事会で長崎に残りました。食事は21時過ぎから始まり、途中から登場した田上たちは残ったのですが俺たち3人は22時半ごろ失礼して、博多まで宣伝カーで移動。

　運転をしてくれた営業に「博多まで何分?」と聞いたら(営業)「2時間くらいなので、博多に到着するのは12時半くらいですかね」。(俺、間髪入れずに)「12時に着くと良いのになぁ」。結果は0時10分くらいに博多に到着しました。もちろん制限速度は守っていましたよ。途中は雨が降っていて80キロ制限があったのですが、あれがなければもう少し早く着いたかも。とはいえ頑張ってくれたね、営業クン。ありがとう。

　ホテルに入って速攻でシャワーを浴びて九州場所の準備で博多に入っていた相撲の仕事をしている知人と合流。改めて食事になりました。が、この食事の席で出た一平くんの気になる話。「ホテルの部屋に入ったら、お香の匂いとなぜか老人の匂いがしたんですよ……」と一平本人の弁。

　この食事の席が終わりホテルに戻ったのは4時半くらいだったのですが、一平に「草木も眠る丑三つ時って言うだろ、アレ4時過ぎ頃のことだよ」と嘘をつき、さらに「ホテルに帰ったらおじいさんが正座して待っててくれてるよ」と脅しておきました。翌日の移動日には何も言っていなかったから、結局何事もなかったのでしょう。

　さて長かったナビも武道館を入れてあと2試合で終わりとなります。最後まで気を抜かないで頑張っていこうと心に誓って

います。そしてこのサイトも11月でリニューアルになります。皆さん"ドンマイッ日記"長い間ご愛読いただき、ありがとうございました。この日記は終わりますが、また何かの機会でお会いできればと思います…………(・_・)ﾉ。さよーならー…………なんちゃって♪(←←おいおい死語だろっ)。

　次回からは合宿所に住んでいるメンバーとの交換日記(?)が始まります。って、何でリニューアルしても俺から始まるんだよーー。若い選手と、どれくらい面白い話ができるかまだわかりませんが、引き続きお楽しみいただければと思います。それではまた来週。

2006・10・27

ち

あーっす!! 2週間ぶりのご無沙汰です。
　まずは平柳の問いから答えとこーかなぁ……ってお前、彼女いないじゃんっ(右手が恋人のクセに。←これもベタに古い表現だねー)。

　まぁ、今後というか、いつのことになるやらの、遠い未来のために俺らの時代の話をすると……(俺の話が参考になるのかはわからないけれど)、今みたいにテーマパークとかがいっぱいあったわけじゃないし、それにまず金がなかった。だから安い金で時間を持たせることをまずは考えたかなぁ。最初のデートと言えば定番は映画だね。「映画館にいたら2人でしゃべれないじゃん」って思う方もいると思いますが、**最初はしゃべるのも緊張するから緊張をほぐすのに映画くらいの時間がちょうど良いんだよね**。っていうかこれって10代の話だよね。ヒラはもう大人だから(あくまでも"年齢的に成人している"という意

味だけど) 10代の頃のドキドキってないのではないかと思うけど……。

　10代のときはデートって緊張したなぁ。まず食事。何を食べたら良いのか全くわからない。今みたいにファミレスもないし、デートでラーメン屋ってわけにもいかないから当時の定番は喫茶店。喫茶店でも異性の前では緊張して、本音ではカレーかスパゲッティを食いたいのに、格好つけてサンドウィッチを食べたりね(;˚-˚)。「そんな純情な時代が三沢にもあったのかよ!」という声が聞こえてきますが、そうなんです! そんな純情な時代が俺にもあったんだよねー(「今はどうなんだよ」とはさらに突っ込まないでください)。

　話を戻して……デートかぁ。さっきも書いたけど、今はいろいろなテーマパークがあるから行く場所には困ることがなさそうだけど。俺のオススメは動物園か水族館かな。遊園地は何気にやたらと歩くし、絶叫マシーンが苦手だったら格好悪くて、それに何よりも意外と金がかかる! これは若い頃には大きな問題です。でもヒラはデートの時でも絶対にイヤラシイこと考え

てるだろーー。女の子がいるお店でお前が飲んでるときって絶対に"飢えてる"顔してるよな。それじゃぁ、もてないよ。余裕がなくても余裕がある顔してないといけないってこと。平柳、参考になったかわからないけれど質問への答えはこの辺で。

　さて前フリが長くなりました（前フリだったんだー）。何の仕事から行こうかな。まずは8日（水）。「ものまねバトル☆CLUB」の収録。またまた久しぶりにあさりどの2人。イジリーちゃん、神無月さん、それからザ・たっちのお2人。放映は11月15日（水）だったから終わってしまったのですが……。

　そして11日（土）。鼓太郎、シオと一緒にテレビの収録でした。出演はKAT-TUNの中丸くんと田中くん、次長課長、それから鈴木紗理奈さん、山瀬まみさん、嶋大輔さん。嶋さんは会場に来てくださったことがあるそうで嬉しかったです。KAT-TUNの中丸さんも夜中の中継を見てくれているらしく、これも嬉しかったですね。お相手してくださった皆さんありがとうございましたm(_ _)m。鼓太郎が良いボケをかましました。ちなみにシオは外しました。カットにならなければ放送されますので、お時間のある方、ぜひ見てください。

　そして14日は高校で講演会。MCは18歳の高校生でした。日記に書いてください！ということでしたので、少し触れさせていただきます。30分という短い時間でしたが

司会は大変だったと思います。MCうまかったよ。春からの大学生活も頑張ってください(^o^)ノ。

さて今回はとりとめのない内容になってしまいましたが、この辺で次回の日記担当・伊藤への質問。欠場中ということでファンの皆さんも心配されていると思います。リハビリを頑張っているみたいだけど、合宿のみんなが巡業で地方に行っちゃっているときは何をしているの?

ということで今回はこの辺で。今日から11月ツアーが始まります。GHCタッグ王座決定トーナメントには出場しませんが、12月10日の武道館では丸藤の持つGHCヘビーに挑戦します。まだ挑戦への意気込みを語る時期ではないような気がするので試合についてはツアーの試合レポート等をご覧になっていただければと思います。年内最後のツアーとなりますので、お忙しい時期とは思いますが、ぜひ会場で選手へのご声援をお願いします。それではまた再来週。

2006・11・17

ちあーっす。2週間ぶりのご無沙汰です。今年最後のナビもあと1日。今回のナビは移動が長くちょっとお疲れ気味の(いつもじゃねーかよー)三沢です。

今回は札幌2連戦があったのですが、前日入りでしかもその前日の移動がフェリーを入れて12時間ほどかかりました。そ

の上、他の選手の日記にも書いてあると思いますが、北海道に入ってからの高速が吹雪で通行止めになってしまって、予定よりも時間が長くかかり疲れも倍増。札幌で試合が終わってからまた翌日はフェリーで本州に移動。行きも帰りもフェリーの中はほぼ爆睡の三沢でした。

　そして行きのフェリーでのできごと。いつもの通り朝まで飲んで（何が"いつもの通りだよ!"）フェリーに乗ったので函館に着く直前で起きてバスに移動しようとしたときに……。
（東スポさん）「三沢さん、写真いいですか?」
（俺、すかさず）「やだよ」

　本当は朝まで飲んでいて顔がむくんでいたのと、寝起きで機嫌が悪くて「こんなところ写真に撮られてたまるか!」と思ったのですが、そんなことを説明する間もなく即答してしまって……。後から考えると「ちょっと悪かったなぁ」と思ったのですが、まぁしょうがないかな……。この場合とは少し違いますが、朝の出発前にホテルの前でファンの皆さんが待っていてくださっても、出発までの時間がないと、サインや写真に十分に応えられないことがあります。事情をご理解いただければと思います。

　さて最初にも書きましたが今回のナビもあと1日。試合は明日の最終戦と10日の武道館、クリスマス2連戦を残すのみとなりました。今年のノアは皆さんに楽しんでいただけたでしょうか? **そろそろ年末年始の気ぜわしい時期になると思いますので、体調を崩さないようにしてください。**

　と、ひとまず〆つつ……伊藤からの問いに答えましょう……あれは……むかーし、むかしのことじゃった……（"まんが日本

昔ばなし話"風に。この物真似、自分で言うのもなんですが似ています）ある地方に行ったときのこと。多分10年くらい前だと思うのだけど、先輩に誘われてある寿司屋に食事に行ったら、そこのおかみさんが「お客さん、どこに泊まっているのですか？」と聞いたので俺は素直に「◎◎旅館です（余談ですが、昔は旅館泊まりが多かったんです）」と答えたら、「そうですか」とちょっと口ごもった言い方。その言い方が気になったので問い詰めると「昔、あそこの旅館で一番女中さんが自殺したそうですよ（女中さんという表現は今では失礼にあたるのかもしれませんが、雰囲気を再現したかったのでご容赦ください）」とのこと。

"まさか客室のはずはないよなぁ"と思ったので「どの部屋ですか？」と聞いてみたら、「◎◎の間です」とその"まさか"が的中。さらにそれはまさに俺の部屋{{ (>_<) }}。食事が終わって旅館に帰ったのが2時か3時くらい。いくら普段はそういった話を気にしない俺でも聞いたばかりではさすがに気になる。そのまま若い選手が寝ている大部屋に直行ε＝ε＝┌(;・∀・)┘。

　当時は確かプロレスに入ったばかりだったガモ（井上雅央）を叩き起こし、「お前、俺の部屋で一緒に寝ろ！」と言うとガモは何やら寝ぼけているものの、文句も言わずついてくると即寝。そして当の俺は先に寝たガモのイビキがうるさくてなかなか寝れなかったものの、いつの間にか寝てしまって特に何事もなく朝になっていました。

　次の日ガモに理由を打ち明けると「あー、そうですか」と特に気にならない様子だったので一安心だったということがありました（考えてみるとこの何が起こってもあまり気にしない様子

は今と全く変わりません)。ちなみにもちろんガモとは皆さんが想像しているような変なことは何もなかったので念のため。あったとしてもこっちからお断りじゃっ!(夜中に叩き起こされた挙句にここまで言われるガモは一体……)。

　実際にした怖い体験は金縛りが2〜3回、ラップ音を何回か聞いたくらいかなぁ。まぁ、仕事柄、いろいろなところに泊まるので"何かあって当たり前、むしろなかったら不思議"くらいの気持ちで開き直っています。

　そういえば最近、怖いというか気持ち悪いものを見たので、皆さんにも共有してもらいましょう(-_-)ノノ。

　最後に来週の日記担当、巷では中村獅童に似ていると言われて調子に乗っている一平への質問ですが(俺は似ているとは思えません)、どうして"ブ◎専"なの?

　というわけで三沢でした。明日はいよいよ横浜文化体育館大会です。お近くの方、お時間のある方、ぜひ会場で選手へのご声援をお願いいたします。ではまた2週間後に。　　2006・12・1

　ちあーっす、ちあーっす………ちあーっす。「早く始めろよー」という声が聞こえてきたところで……三沢ですヾ(@・◇・)ノ。

　まず初めに、12月10日・日本武道館大会、たくさんの応援ありがとうございました。皆様の応援のお陰で何とか勝つことができました。試合のことや試合についてのコメントは例によってサイトをごらんになっていただければと思いますので、お礼

だけこの場をお借りします。身体的には首と腰をちょっと痛めたくらいですので、心配なさらないでください（本当に"ちょっと"なのか??）。次の防衛戦の相手は森嶋になりました。辛い相手ですし……腹が出て髪も薄くなってきたけれど(o_o;)、頑張りまーーーーす。

　で、今は、今年最後の武道館を終えてちょっと一息といったところです。今年も残すところ23日のSEM（僕は出ませんが）と、24日のディファの2大会となりました。武道館でも言ったとおり、お時間のある方はぜひいらしてください（ただ24日はお陰様で指定席が完売になっているので、立ち見でもよろしければ、になりますが）。23日のSEMはこの日記の相手でもある合宿所のメンバーが出場します。潮崎と平柳以外の4人は去年の24日にデビューをしたから、もう1年がたつんだなぁ。早いなぁ。日記にも表れている通り、個性的なメンバーが集まっているのでどんな試合になるのか俺自身も楽しみにしています。

　合宿所の話になったので前回の担当・一平からの質問に答えましょう「ウィンタースポーツはやりますか?」との質問ですが、"ウィンタースポーツ"って何？ 何が入るの？ 俺らが学生の頃はスノボはなかったし、プロレスに入ってからはケガをするからスキーもやったことがないんだよね。スキーは今までで2回しかやったことないし、スケートに至っては1度もやったことないなあ。

　でもローラースケートは上手かったよ。小学校の頃によくやったなぁ。当時はローラーブレードなんてなくて、靴を履くのではなくて、なんて言うのかなぁ、自分の靴にバンドで止めるんだよね。ましてや最初は鉄輪なんだよね。これがまたうる

せーんだよ。あの頃は今みたいにコンクリの場所がないから市役所の駐車場で時々怒られながらやってました。で、グレードアップするとゴムのタイヤのを買うんだけどね。昭和30年代〜40年代前半生まれの方ならわかっていただけるかな？

　ウィンタースポーツの話題からだいぶ離れてしまいました。これはウィンタースポーツと言うのかはわからないけれど雪が降るとよく川原の土手でソリをして遊んだなあ。ソリを持っている友だちがいるときは良いんだけど、なかったらトタンで滑るんだよね。今はそんな土手もあまり見かけないですね。昔は金がなくてもよく遊んだものです。

　さて次回の担当谷口への質問ですが……「あんた、ここに寝なさいっっ(←何のこっちゃ?! 本人はわかっているのでよしとさせていただきます(;¬_¬))」。クリスマスが過ぎればすぐにお正月。お正月といえばお雑煮。うちは鶏と小松菜、カマボコに四角い餅といういたって関東風のお雑煮を食べるのですが、谷口の地元・鳥取のお雑煮はどんな感じなのかな？

　さて年末に向かって飲み会も増える時期です。皆さん、肝臓には注意しましょう。って言うか、お前だよっっ! 今回も自分への突っ込みがほとんどですが、三沢でした。次回は今年最後の日記になります。皆さん楽しいクリスマスを〜〜☆;:*.;☆。

2006・12・15

ちっ、ちっ……………ーー、ちんちろりん。ヘッヘッヘ。何の意味もなく自分ウケ。ただ書きたかっただけ(;´▽`)ゞ。

109

改めまして、ちっ、ちぁーす(o^-^o)ノ。今年最後の"ドンマイッ、ドンマイッ日記"です。

　まずは谷口の質問への答えから。そもそも谷口は言葉の使い方間違えていない？ "忘れることのない思い出"じゃなくて"忘れられない思い出"とか"忘れることのできない思い出"じゃないの？ そこは。デッデッデデーン〜〜〜。ターミネーター♪（←また内輪ウケですみません）。

　クリスマスって逆に皆さんに聞きたいのですが楽しいものですか？ ぶっちゃけさあ、クリスチャンの方は別として日本のクリスマスって女性と子どものためにあるものじゃない？ 大人の男性にとって楽しいことってあまりないよね。恋人同士でプレゼントのやりとりがあったとしても、多分ほとんどの場合は女性の方が高いものをもらうのだろうし、どこへ行っても混んでるよね（ティッシュの消費量はこの日が一年で一番多いのでは、と俺は思うっ）。

　仕事で東京に来る人にとっては迷惑な話だよね。ビジネスホテルだってほとんど空いていないし。というわけで何だか愚痴っぽい感じだけどクリスマスには特に思い出はない。

　でも"忘れることのない思い出"ということなので大きな事件というか、ノアができてクリスマスに必ず大会を行うことになったことかなぁ。2000年の12月24日からディファで試合をしているのだけど、この年8月の旗揚げから初めて1万人を超える大きな会場で試合をしたのが前日の有明コロシアム大会。当時は交通の便も不便な場所だったのに大勢の方が応援に来てくださって本当に嬉しかったなぁ。その前の日にも川崎で試合をしていたので、3日連続の試合になったのだけど、初めての

大きな会場でプレッシャーの中で試合をした選手にとって、翌日にイベント色の強い大会を開催するのは、どうなのかな、と思った部分もあったのだけど、実際にやってみたらそのメリハリが良い方向に働いた感じでリラックスしながら楽しい大会になって、ある意味成功だったかな。

あの1回目の大会からすっかり定番になったクリスマスのビデオも思い返してみればJRのコマーシャルを見ていた俺の"あんな感じでやりたいなぁ"という意見から始まったんだよね。今となってはビデオを楽しみに会場に来てくださる方もいるみたいで嬉しい限りです。

今回はミツゴロウさんをやらせていただきました。どうだったでしょうか? クリスマスの思い出は、てな感じかなぁ。あっ、でもチキンは好きだよ(谷口には「そこに寝なさいっ」を軽くかわされちゃったけど、意外と長く答えてしまいました。意味を知りたい方へ……ヒントは「池袋」です。ここから先は書けません)。

さて先日、「G+」の年末特番"プロレスノア中継年越し19時間スペシャル GHCヘビー39連発!"の試写会に行ってまいりました。GHC戦を振り返る内容なのですが……お時間のある方、G+に入っていない方もこの機会にぜひ、加入をご検討ください。ぶっちゃけ19時間の番組だけど……。長いけど……。

録画しておいて少しずつ観るのもよいかと。衛星やケーブルに加入していない方は、デジタル放送に全面的に切り替わるまでにテレビの環境を見直すきっかけになるかもしれません。でも薄型のテレビはまだまだ高いよね。これから少しは安くなるのかなぁ。

　年末特番の話で思い出しました。年末と言えば忘年会。若いときの忘年会は憂鬱でイヤだったなぁ。酒は今ほど飲めなくて先輩から無理やり飲まされて気を使いながら。忘年会なんだから本当はイヤな思いをしてなんて飲みたくないよね。今は飲み会でもそんなに気を使わないでもよくなったし、というか酔っ払ったらこっちのもんだーいっ。あっ、この日記で酒の席の話ばかり出るので、皆さんは俺が毎日飲んでいると思っているかもしれませんが、そんなことありませんからっ。

　よく「三沢さんでも二日酔いになるんですか？」と聞かれるのですが、そりゃあ人間、飲みすぎれば誰でも二日酔いになるから。それにレスラーは身体が大きいから酒に強いと思われる方も多いみたいですが、それは間違いです。身体が大きいから必ずしも酒に強いわけではありません。女性の方が強いことも時々あるしね。

　さて最近はこの暮れの忙しい時期なのに、DVDで映画を観ています。最近は映画館に行くことは全くなくなってしまったの

ですが、DVDを観ていて思ったのですが、俺、やっぱり映画好きだわぁ。翌日仕事の日でも夜中にテレビで映画をやっているとつまらなくても全部見ちゃうしね。映画を観ているときは没頭していろいろなことを忘れられるし、それに何より映画が始まる前のあのワクワク感が楽しみです。

　さて今回は今年最後の日記なのに全く普段通りになってしまいました。季節の行事が苦手なこともあるけれど、俺自身はできるだけサラッと新しい年を迎えたいと思っています。今年一年もあっという間に過ぎてしまいましたが、ノアの試合プラスこの日記は皆さんに楽しんでいただけたでしょうか？

　ここで新年の日記を担当する"みんなが酔っ払っているのに一人だけ酔っ払ったフリをして冷静な視線でみんなを観察している青木"に質問です。対象は女性に限定した場合、"何フェチ"？曖昧な答えはいらないからね。

　それでは皆さん、この日記はもちろん大晦日も元旦も更新されますので、毎日お楽しみください。新年は1月7日から新年のナビが始まります。2007年もまた会場で応援をお願いいたします。よいお年を。三沢でした。　　　　　　　　2006・12・29

2007

新年明けましておめでとうございます。昨年一年のご声援に感謝申し上げます。

「5周年」というひとつの節目を経た昨年は、原点のひとつとも言えるツアーを8回、7回の武道館を含む99大会を開催しました。その一つひとつの大会を通して、旗揚げ以来、皆様よりいただいたご声援のありがたさを改めて実感しました。また、原点を見直すと同時に、「SEMシリーズ」の開催などいくつかの新しい試みにも挑戦いたしました。もちろん、ノアという集合体にとっても、選手・スタッフ一人ひとりにとっても、私自身にとっても全てが上手くいったワケではありません。

昨年前半からケガをして試合に出場できない選手が多数出たことは、今後の大きな反省材料としていくべきことですし、また7月以降の小橋選手欠場に際しては、本人はもちろん、誰もが予測していなかった出来事で、昨年、弊社が直面した試練のひとつでしたが、皆様のお力添えをいただき復帰に向けてのリハビリが進んでいます。また返上となったGHCタッグ選手権についても、決定トーナメントを開催することにより新しいチームの魅力を発見したことも嬉しい誤算でした。

一つひとつ例を挙げていけばキリがありませんが、具体的に発表されていないことでも、選手それぞれが自分の中に、課題を持って挑戦してきました。昨年、達成できなかったことについて、形が変わったとしてもこれからの課題や指針として行きたいと思っています。

皆さんにとって昨年は、どんな一年だったでしょうか？ **ノアにとっていろいろなことがあったのと同様、皆さんの一年も大切な毎日の積み重ねだったと思います。**お忙しい中、会場

に足を運んでくださった方から「ノアを見て、自分も頑張ろうと思った」とお声をかけていただくことがあります。私どもの試合が少しでも皆さんが日常を前向きに送るお役に立てるのであれば、これはまた選手にとっても、心強い励ましとなります。

　2007年も会場で皆さんとお会いできることを励みに、選手・スタッフ一同、精進してまいりますので、ご声援のほど、よろしくお願いいたします。2007年、皆様のご多幸を心よりお祈り申し上げます。

(株)プロレスリング・ノア　三沢光晴
2007・1・3

ちあーっす、暮れからお正月にかけて、皆さんどのように過ごされたでしょうか？ 季節の行事があまり好きではないくせに、最近のお正月はコンビニもあるし、スーパーも開いてるし、お正月らしくないなぁと思っている三沢です。

　それにしても「年中無休」で「年末年始休業」っていうお店をよく見ますが、矛盾してると思わないっ？ あれは正しい日本語なのかなぁ。ノアは1月4日までお休みで新年は1月5日から仕事始めでした。もちろん、のんびりしている間もなく、7日から皆さんご存じの通り2007年最初のナビが開幕。今回は最終戦

の日本武道館で森嶋の挑戦を受けます。森嶋とのシングルは実は前回の武道館が初めてでした。今回が2度目の対戦となりますが、あのときに感じた気迫以上の気持ちをすでに感じます。武道館まで約1週間ですが、気持ちを引き締めて臨みたいと思っています。というカタイ話はサイトの試合結果で見ていただくとして……。

　まず青木の質問に答えます。「子どものときによくやっていた遊び」という質問ですが、これもまたよく書くけれど、とにもかくにも、俺たちの時代には金がなかった‼ だから外で体を動かして遊ぶしかなかったんだよねー。放課後は学校の校庭でカン蹴りやフットベース（キックベースというところもあるみたいだけど、俺たちはこう呼んでいました）、あとはドッジボールかなぁ。

　授業が終わってそのまま遊んでいると怒られるから、学校から10分くらいの家に帰って、カバンだけ置いてまた学校に戻って校庭で遊んでいたなぁ。だいたいそういうときは男子だけだったかな。女子は何をしていたんだろう？ ゴム段をしているのはよく見たけれど……。

　青木の世代になるとサッカーかもしれないけれど、俺たちの頃はボールを使ってもドッジボールだから、素朴なもんだよ。とにかく地域に子どもが増えていた時代で、中学校も2年生になるときに2つにわかれたくらいだから、校庭も広くは使えなかったしね。

　あとは自転車を買ってもらってからはよく遠出をした。覚えているのは越谷からたしか浦和まで行ったときに、自転車が溶接のところで壊れて、帰りは友だちの自転車の後ろに乗せても

らって、あれは確か"セミドロップハンドル"になる前の自転車でした。また同世代の人にしかわからない単語ですね。

　あとは年上の人がラジコンやってるのを見たりしてたかな。車や飛行機をしている人がよくいたかな。川でボートのラジコンをやってて途中で止まって、ボートを漕いで取りに行ってた人もいたりして、本人にとってはとても大変なことですよね。ラジコンといえば、マブチモーターのモーターを船の底につけて走らせるのが発売されて、あれは画期的だったよ！覚えている人いらっしゃいますか。

　子どもの頃はおやつも冷蔵庫を開けてすぐに食べれるもの……トマトやきゅうりをそのまま齧ったり。健康的というか素朴というか。俺が今の時代の子どもだったらやっぱりゲームばっかりやってるのかなぁ。どうだろう？想像がつかないけれど、とにかく今は外で遊んでいる子どもを見かけないことだけは確かだよね。**ゲームが好きな自分が言うのもなんだけれど、やっぱり一人や2人でするゲームよりも外で大勢で体を動かすことって必要だと思う**。ゲームは息抜きとしては面白いけれど、それが遊びの中心になるのも少し違うかなぁ……。とはいえ、子どもが安心して外で遊べる環境でもないし……。

　質問に答えているうちにいつの間にか長くなってしまったので、今回はこの辺で。

　さて来週はシオが担当。酒癖があまりよくないシオへの質問です。出た〜〜っξ\(ﾟ∇ﾟ~)ｼｰﾉξ。やわらかいっっ……もとい、シオが自分からお酒を飲み始めたのは何歳からなの？お父さんが警察官ということを踏まえて答えてもらいましょう……そこで横暴か……(←←お笑い好きシオに合わせて、タカアン

ドトシさんのネタをさらにひねってみました。わかっていただけたでしょうか?)。

　これからまだまだ寒くなってきますが、皆さん風邪などひかれないようにしてください。それではまた2週間後にお会いしましょう。
2007・1・12

ち　あーすっっ! 皆さん、ご心配かと思いますが、いつも通りにちあーすっっから始めてみます。
　いやぁ、まいったね。経過については報道やこのサイトに出ていると思いますが、せっかくの日記なので少し補足を。ぶっちゃけ1発目のタイガードライバーまではギリ覚えているね、と言うか思い出したね。記憶がとんだのは多分場外のパワーボムのときだと思います。過去にも2、3回記憶をなくした試合はありますが、こういう大舞台でこんなに全く覚えていないのは初めて。そりゃ救急車嫌いの俺でも乗るし、病院嫌いの俺でも行くよねヽ(＿　＿;)ノ。いつの間にか試合をしていて、気がついたら控え室に座っていた感じです。

　試合後にいつもは控え室にいないメンバー(副社長、秋山)がいて「大丈夫ですか?」と聞いていた。それで「あー俺、頭、打ったんだなぁ」と実感した。で、そのときに誰だかはわからないけれど「救急車、待ってます」と話しているのが耳に入って、人間って不思議だよね。急に冷静になって(まぁ実際には冷静ではないのかもしれないけれど)"病院に行くならシャワーを浴びなきゃ"ってみんなの心配をよそにシャワーを浴びてしまいました。ちなみにこの間のシャワー待ちで病院を1軒断られたら

しい。

　試合が終わって救急車で病院に直行したのは2度目です。どれくらい前かなぁ、鶴田さんとの試合で鼻が折れて大阪の会場から救急車で病院に直行したことがあったなぁ。でもそのときは翌日が後楽園で試合だったからハネ立ちで、バスの座席の上から氷嚢を吊るしながら東京に帰ったんだよね。で、その日はあまり寝れなかったから腫れなかったけれど、後楽園の試合後、**一晩寝たら急に腫れて"ピエール状態"だった**（←←俺たちは鼻が腫れることをこう呼びます。外国人みたいな鼻になってしまうことだけど、なんとなく想像ができますよね）。で、翌日は移動日で他の選手はバスで金沢に向かったんだけど、俺は当日、飛行機で小松空港まで行ったなぁ。たしか。

　話が横道に逸れてしまいましたが、武道館から病院には浅子トレーナーが同行しました。検査を終えて出てきたら、心配そうな顔の小川、鼓太郎、一平、リッキー。みんな心配して来てくれました。今週は首の様子を見つつ、次のナビに備えたいと思います。ご心配をいただいた皆さん、ありがとうございました<(_ _)>。

　それにしても、最終戦が終わって酒を飲まないのは何年ぶりだろう。みんなが心配してくれていたので、さすがの俺も、酒を飲みには出れなかったなぁ。しかも家まで浅子の護衛つきだし。まぁ、心配してくれたのはありがたいけれど、一平は俺にジャンパーを渡すのを忘れて、あの寒い中、俺は半袖1枚で家まで帰ったんだけどね。どこか抜けている現付き人・一平です。

　さてこのあたりでシオからの質問に答えたいと思います。ぶっちゃけ書けないことだらけだよ。と前置きしつつ……、俺

の失敗談よりも歴代の付き人の話の方が面白いと思うよ。俺はそんなに酒で失敗はないからなぁ。もちろん昔から酒に強かったわけではありません。酒を飲み始めたのはメキシコから帰ってきてからだから23歳くらいかな。あの頃は夕方から飲みに出かけて、朝帰り。練習まで少し休んで、また夕方から出かける毎日だったね。しょっちゅう吐いていて、"もう酒は止めよう"と毎日思ったものです。当時は銀座に行くことが多かったんだけど、23歳なんてお店で働いている人から見たら子どもみたいなものだし、俺がタイガーマスクをやってるなんて知らないから「頑張ってね」なんて言われて「頑張りまーす」と少しワザとらしく答えたりしてた。

　で、歴代の付き人の話ですが。まずは浅子。浅子は酒癖悪かったねー。あいつは酔っ払いだすと鼻で息をするんだよ。しかもたまに鼻水まで出したりして。あまりに酔ってるから「帰れっ」って言っても帰らないんだよ。そんな浅子も今では立派なトレーナー。歳月は人を成長させます。……決まったと見ていいでしょー、ねっ、浅子ちゃんっ!?

　次が森嶋。森嶋は幻の付き人です。付き人についてすぐに丸藤が入ってきたんだけど、丸藤のことはレスリングの先生から俺が頼まれたこともあって、すぐに俺の付き人になったから、森嶋はあっという間に交代。というわけで森嶋のことが嫌いで代わったわけではないから、森嶋。ちなみに森嶋は付き人時代ではなくて、その後に酒の席で一緒になっているけれど、かなり酔ってもめちゃくちゃにはなりません。やたらとしゃべるようになることが多いけれど、暴れたりはないかなぁ。

　丸藤は入ったばかりの頃は「俺は酒、強いですよ」とか言って

いたけれど、それは限界を超えて飲んでいなかっただけで、ある日ガンガン飲まされたあと、俺がちょっと席を立ったら、その俺がいた席にバーッと戻していたなぁ。

　鼓太郎は酔うと面白いです。どちらかと言うと笑い上戸(じょうご)。あまり失敗らしい失敗はないけれど、あえて言えば「社長、歌ってちょ」と俺に"死刑ポーズ(byガキ刑事(デカ)←わからない人ごめんなさい)"したことを覚えているくらいかなぁ。

　現在は一平をいじって遊んでいます。と言うか一平はいじらないと面白味のない男で、しかもいじられないと光らない男ですから。しかも本人も認めている通りの"M"だしね。こんな感じで自分の醜態をごまかしつつ、シオからの質問をかわして終わろうかな。

　最後に次回の担当、平柳への質問。初恋はいつ? 初恋っていうのは片思いでも初恋だからなー。ということで、次のナビまで約3週間。できるだけ体を治して万全の体調で臨みたいと思います。

　最後に、鼓太郎、リッキー、おめでとうなぁ\(@^o^)/。

2007・1・26

ち　あーっす、首の調子がイマイチで、寝づらい日々を過ごしている三沢です。皆さんいかがお過ごしですか? 俺はこの長いオフに、南行徳(みなみぎょうとく)の「相撲茶屋 ちゃんこ佐賀光」に行ってきました。相変わらずおいしかったです。ずいぶん前にこの日記でも紹介させていただいたと思うのですが、それを読んで、お店に足を運んでくださった方も多いよう

です。ありがとうございます。南行徳の駅から徒歩なので、遠方の方は少し行きづらいかと思いますが、お近くの方、ぜひまたいらしてください。ちゃんこだと夏の食欲が落ちる時期でもおいしく食べれるし、冬は体が温まるから季節を問わず楽しめますよね。ちなみに以前これも書きましたが、醬油ベースで柚子胡椒でいただきます。さて全く話が飛びますが、2月3日は節分でした。僕たちは毎年、池上本門寺の節分会にお声をかけていただいています。この豆まき、表舞台やその後のコメントはこのサイトでもとりあげていただいたのでご覧になられたかと思いますが、実は毎年隠された攻防が裏で行われています。豆まきの前にお祓いを受けるのですが……、これが約1時間、本堂で正座か胡坐なんです。想像してください。ご存じの通り、ほとんどの選手が膝にケガをしているので、床に正座はありえません。というか無理です。というわけで申し訳ないと思いながらも、本門寺の方も担当者も裃をつけてくださる方もみんながハラハラする中、毎回ギリギリに到着して、大急ぎで裃をつけてもらって豆まきに参加していました。が、今回は本堂に椅子を用意していただきほっと一安心。これからは毎回用意してくださるとのこと、これでバタバタと急ぐ必要もなくなるし、よかったよかった。

　ここで先週のヒラからの質問に答えます。女性芸能人といっ

てもそろそろ歳下が多くて、なんというか異性として見れないんだよなぁ。あえていえば新垣結衣ちゃんがカワイイかな。「マイ★ボス マイ★ヒーロー」に出ていたね。俺らの時代のアイドルって誰だろう？ 世代的なものだけど、小学校の頃は天地真理かなぁ。中学・高校の頃は部活漬けで雑誌や写真集を買って見るまで好きなアイドルはいなかったし、毎回、コンサートに行くほど好きだったりするアイドルはいなかったかな。今考えてみると、当時DVDがあればあの頃のアイドルはかなりかせいでいたんじゃないかな。もったいなかったね。

　さて来週はもうツアーの開幕。皆さんからご心配いただきましたが、徐々に回復しています。とはいえ、オフって本当に短いねぇ。**皆さんもそうだと思うけれど、楽しい時間は短く感じて、辛いことは長く感じますよね。**といって、別に試合が辛いと言っているわけではありません。休みが嫌いな人はいないかなと。

　さてここで伊藤への質問です。この前は谷口に「鳥取のお雑煮は東京とは変わらない」とあっさり言われたので、食べ物ネタでもう一度。この話をすると誰も信じてくれないのだけど、前にテレビで"愛媛ではみかんジュースでご飯を炊く"と紹介していました(·o·;)。信じないでしょ？ でも本当ですよ。給食に出ている映像もあったんだから。で、三重県桑名出身の伊藤だけど、東京で初めて気がついた、"どうやら地元だけの食べ物や食べ方だった"ということがあったら教えて。

　……みかんジュースで炊いたご飯はどんな味がするんでしょうね……。試すのは手順としては簡単だけど……、やっぱりいいや。

さて今回の日記はこの辺で。このオフに「1/350 宇宙戦艦ヤマト プラモデル」を買ってしまった三沢でした。このプラモデル、波動砲やパルスレーザーが忠実に再現されているだけあって、大きさが766mmもあります。作る時間もないし、これ以上飾る場所もない……どうしよう……┎(｡_｡ΙΙΙ)┒。あっ、でも今回も念のために言っておくけど僕は君たちと違ってオタクではないからね、鼓太郎くん。それから、一緒に秋葉原も行かないよ。みんなの趣味が違うから、ああいうところで団体行動をしても、面白くないからねーー。一度締めておきながら、長くなりました。今度こそ本当にこの辺で。暦の上では春ですが、まだ不安定な気候が続くと思います。皆さん、体調を崩さないように気をつけてください。俺も開幕までの1週間、大切に過ごしたいと思います。それではまた2週間後に。　　2007・2・9

　ちあーすっ、暖かくなって春めいてきた今日この頃、皆さんいかがお過ごしですか？ 花粉症の方には辛い時期ですね。僕は今のところ全く関係ないので、人ごとのように言ってすみません。僕にとってはこの時期は半袖だと寒いけど、ジャンパーを着ると暑くて、ホテルに着いても暖房をつけると暑いけど止めると寒い、という中途半端な季節です。

　さて少し前の話になりますが、今回のナビは始まってすぐに大阪で2日間のオフがありました。ナビ中のオフって早く感じるね。といっても皆さんには実感がないかもしれませんが、一

般的には土日があっという間に過ぎるようなものと思ってください。ツアーとツアーの間のオフもあっという間に過ぎますが、ナビ中のオフはもっと速い。もっとも僕たちの場合は、オフの前後に移動が入っているから余計に短く感じるのかもしれません。

　今回も大阪でのオフということで、鼓太郎は相変わらず日本橋に出かけていました。僕も行ったには行ったけれど、今回は1時間もいなかったなぁ。30分くらいかもしれません。30分くらいでぱっと済ませて、久々に天カレーうどんを食べました。久々だけどやっぱり食い応えがあるねー。一般の方であれを食べられたらすごいね。

　話が前後しますが、この大阪でのオフの前日は京都で試合。京都の会場をハネてから大阪への移動でした。この日の食事は"千房"のお好み焼き。大阪らしいといえば、大阪らしいけれど、久々だったなぁ。十何年かぶりだと思うなぁ。店内もだいぶ変わっていたけれど、これだけ久しぶりだと当たり前ですね。大阪のホテルに着いたのが22時くらいで23時から食事。日曜日ということもあり、お店は1時に閉店だったので、その後は例によってカラオケに繰り出し、野郎ばかりで朝まで歌いまくりました。俺も日ごろ歌わない曲を歌ったりして、ノドがガラガラ。寝床に入ったのは6時くらいだったかな。この日は休みの前日ということで、長くなりましたが、その分、2日間の休みをゆっくり過ごしてツアー再開です。

　皆さんからご心配をいただいている首は微妙な回復ですが、試合には支障がない状態になって来ています。ご心配いただき、ありがとうございます。

と、わりとマジメにまとめたところで、伊藤からの質問に答えます。「バレンタインの思い出」ということですが、毎回書いているように、季節の行事やイベントごとが大嫌いな俺にはこだわりがないというか、そもそもチョコ大好きな丸藤と違って、普段から飲み屋でつまみが乾き物しかないときにしか食べないし……。**強がりじゃないけれど、バレンタインにチョコがほしいと思ったことは一度もなくて、周りの男子がソワソワしているのがイヤだった記憶があるなぁ。**高校は男子校だからそんな思い出さえもないけれど。でもレスラーになってから、ファンの方が毎年送ってくださり、ありがたく思っています。そういう伊藤にはバレンタインの思い出ってあるの？

　最後に一平への質問です。春といえば卒業や入学の季節。一平の卒業や入学にまつわる思い出を教えて。言っておくけれど、面白くない話はいらないから。半分以上、作っても良いから面白く作れよ。それでは皆さんまた2週間後に(~ロ~)ノ))))))))。三沢でした。

2007・2・23

　ちあーすっ。武道館も終わったものの、首と腰の痛みと闘っているので寝つけない毎日を過ごしている三沢どえーす。

　いつもの通り、試合に関するようなコメント等はサイトを見てもらえればと思います。力を入れると首に痛みが走るので、相手を持ち上げるときに力が出なくて、きつい試合だったけど杉浦はどうだったのかなぁ。最近、日記でも自由に振舞っているスギだけれど、大丈夫だったのか心配です。

さてだいぶ暖かくなり、最近では自分の部屋でも冷房をいれようか迷っています。でも車はすでにエアコンいれたけどね。

　車と言えば、今回はまずは先週の一平の質問から答えましょう。ていうか、お前の答えも質問も意味がわかんねーよ。残念だけど、ボツッ(・▽・)/。卒業の思い出も作りきれていないというか、オチがないというか。"ボタンを全部配ってボタンなしで帰りました"でよかったのにひっぱり過ぎ。読んでる方は絶対に意味がわからないよ。そういう俺もどこが面白いところなのかわからなかったし。

　で、一平からの質問はなんだったっけ……。あっ、そうそう"車について"だった。車は大好きだよ。初めての車は、メキシコ遠征から帰ったばかりでお金がなかったから親に立て替えてもらって買った赤いシルビア。タイガーマスクが赤いスポーツカーかよっ。伊達直人かよっ！(←わかる人だけわかればよいです)。

　その次が黒のZ。"Z"と言ってすぐにわからない方もいらっしゃるかもしれませんが"フェアレディZ"です。スーパーカーブームの時代の子だったからスポーツカーが好きだったね。で、その次からはBMW派。最初は5シリーズで7シリーズにして、アルピナに乗ってから今のX5。

　車の色は若いときは赤がよかったけど、今は紺か黒かなぁ。で、もう少し歳をとったら白だよね。濃い色はホコリが目立つし、白は水垢が目立つからどっちもどっちだけど。最初の頃は洗車場に通って自分で洗車をしたりしてたね。ちなみに免許は、高校の国体が終わって寮を出てから教習所に通って、ちょっと授業もサボッたけれど、スムーズに取れました。車に関する思い出はこんなところかな。一平の質問からだいぶ引っ

張ったなぁ。一平ちゃんもこれくらい引っ張ってほしかったな。あ、ムリかヽ(＿ ＿;)ノ。

　暦は3月に入りました。東京では早くも桜が咲き始めているようですが、僕はまだ桜を見ていません。桜といえばお花見。お花見と言えばお酒。半ば強引な展開ですが、この前、鼓太郎、一平と飲んでいて話題になりました。皆さんは飲んで帰ってからシャワーを浴びますか?? 女性はお化粧を落としたりしなければいけないので、大変だと思います。

　俺は巡業中に翌日が休みで本当にハメをはずしたときは着替えないでそのままベッドに横になっていることもごくたまにありますが……。でも最低でも顔くらいは洗ってさっぱりしたいですよねぇ。俺、顔が脂性だというのもあるけれど、で、もちろん鼓太郎もシャワーを浴びてから寝る派。一平は……、やっぱりと言うか……、シャワーを浴びないで寝てしまうらしい。ただでさえ一平は◎◎なんだから、シャワーくらいは浴びた方がいいぞ。

　そうそう鼓太郎といえばこの前、ファミリーマートのクジの1等のウルトラマンをプレゼントしてくれました。嬉しかったなぁ。ありがとう、鼓太郎。

　さて次のナビでは周平ちゃんの地元・倉吉（くらよし）に行きます。ここで次回の担当、周平ちゃん、倉吉についてアピールしたいことがあったら何か聞かせておくれヽ(ﾟ▽ﾟ)ノ。

　急に暖かくなってきましたが、皆さん、気を緩めて風邪をひかないようにしてくださいね。それでは今回はこの辺で。

2007・3・9

ちあーっす。春分の日が過ぎたとはいえ、まだまだ寒い日が続きます。皆さん風邪などひいていませんか？ 三沢です。

今週は"♪空き室で困ったら〜〜♪"の「ザ・リーヴ」さんのコマーシャルをまたまた録りました。今回は2本録りで1本は"ラップバージョン"が入っています。シリアスなノア中継を観た後にあのコマーシャルを観ると（リーヴさんには申し訳ないのですが）ずっこけるという方も多いと思いますが、そこはギャグとして楽しんでいただければ、と思います(·o·)ノ。今回は特に一平が危なかった部分があります。放送をお楽しみに。

余談ですが、この撮影の前に「スニーカーを用意してください」と言われました。「さすがラップバージョン」と思いつつ、靴を探してみたら……。いやぁ、いつの間にか増えているもんですね。改めて「俺ってこんなにスニーカー持ってたんだ」と認識しました。気に入ったらずっと同じのを履いてしまうので、何を買ったか忘れてしまってたり、2〜3回しか履いていないスニーカーもたくさんあったし、基本的にはハイカットは履かないのになぜか5〜6足あったし……。お店で買うときは全部気に入って買っているはずなのにおかしいですよね。

皆さんもきっと同じような経験があると思います。靴は、ある程度の時期になったら整理しないと増えていく一方かもしれません（でもスニーカーと言えば俺よりも丸藤の方がきっとたくさん持っているはずだけど……）。ちなみに用意していったスニーカーは結局使いませんでしたが、たまった靴を整理するよいきっかけになったということでよしとします。

コマーシャルの件は他の選手も書くと思うのでこの辺にして

……。全然関係のない話になりますが、最近はトイレでDSの「ヨッシーアイランド」にはまっています。と書くと相当はまっているように感じられると思うので……表現を変えて……別にはまっているわけではなく、"気に入って"います。ゆっくりとゲームをする時間があまりなく、最近はもっぱら携帯用のゲームばかりです。ついこの間まで「スーパーロボット大戦W」だったのですが終わってしまって、ヨッシーアイランドに入ったのですが……。

　ゲームの話をあまり書くとオタクっぽくなってしまうので（何度も書いているけれど、俺はオタクじゃないよ）、この辺で周平くんからの質問に答えましょう。っていうか、先週の答え、観光ガイドをそのまま書いただけじゃんっ。それじゃぁ鳥取以外の方は倉吉までナカナカ足を運びづらいよ～～d(°□°)o。この日記をご覧の皆さん、4月ツアーは12日（水）に鳥取県立倉吉体育文化会館大会を開催します。倉吉といえば周平君の出身地。遠方の方にはちょっと難しいかもしれませんが、この機会に倉吉観光も兼ねて、ゼヒ応援にいらしてください。

　さて周平君からの質問に話を戻して……。ホワイトデーの思い出かぁ……。一言で終わっちゃうんだよね……。なしっ(~∀~;)。大体、毎回書いている通り、季節の行事が嫌いでバレンタインも興味がないのに、ホワイトデーに思い出があるわけがない。みんながあーでもない、こーでもないと盛り上がっているときに、一緒に盛り上がるのがまず嫌い。これはひねくれているのではなくて、"頑固者"と言った方が正しいところ（本当に正しいかどうかは微妙ですが……）。ていうか、ホワイトデーって何かしなければいけないものなの？ あんまり興味ないなぁ。

俺的にはそんな感じです。周平君にホワイトデーの思い出も全くないというのはどういうことだろう？ 深く聞かない方がよいのかな。

　ということで、次回の担当・青木への質問です。最近、髪を伸ばし始めている青木だけど、どんな髪型を目指しているの？ それから今まで自分がした髪型で「これはっ」というものがあったら教えてちょうだい。

　3月も終わりに近づき、4月からは新しい環境になる方々の中には不安な気持ちもあるかもしれませんが、不安を前向きに変えれば、きっと自分にとっての大きな経験になるハズです。頑張ってほしいと思います。三沢でした。ではまた2週間後に。

2007・3・23

　ちーっす。始まりました。4月のナビ。約1カ月にわたるかなり長めのナビですが、初日の青タンがまだ消えていない三沢でーす。

　赤かったところがだんだんと茶色になってきました。仕事上、レスラーはケガがつきものだけど、何気に体の中のケガ……例えば骨折や打撲、靭帯のケガとかの方が周りの方にわかってもらえなくて自分だけが辛かったりするんですよね。その点、表に見えるケガは自分ではたいしたことがないと思っていても、周りの方が心配してくれます。

　かくいう私自身もプロレスを始めてから顔のケガはずいぶんとしました。大きなものでは眼窩底骨折、鼻骨骨折から、小さいと言えるのかはわかりませんが、何針か縫ったケガまで。私

事ですがしかも、私、表に見える切り傷とかは意外と治りが早かったりします（ってことは糖はまだ大丈夫かな）。一般の方でも捻挫や骨折を経験したことのある方は多いと思いますが、ヒザの靭帯を痛めるようなケガはスキーの最中とかでなければ、あまりないかもしれませんね。

　表に出るケガの中では、顔のケガは傷の大きさに比べて出血量が多くなるみたいなので、傷をよく見極めて、特に女性は傷を残さないようにご注意ください。男の場合は箔がついてかっこいいけど……んなワケないだろっ！

　ちなみに今日は水曜日なのですが、4月になって雪が降りやがって！　と行き場のない怒りが湧いています。いきなり寒くなると困るよね。クリーニングに出したジャンパーもまた出さないといけなくなるし……。新入社員の方もこんな天気が続くと疲れてしまうかもしれませんね。社会人の方や大学生はもう新年度が始まっているかと思います。中学や高校は週明けくらいから新しい環境での生活が始まるのでしょうか。どちらにしてもこの時期、期待よりも不安の方が大きいと思います。でもその不安を期待に変えて頑張ってほしいです。って偉そーーーっ！　**どうせやらなきゃいけないなら、中途半端よりも一生懸命やったほうが良いよねp(^ ^)q♪**。三沢語録でした。

　さてこの辺で青木からの質問に答えましょう。"白いご飯のお供"ということでしたが、それはやっぱり納豆だろぉっ。大粒でも極小粒でもなく、普通（？）の粒で、挽き割りじゃないのがいいね。ちなみに俺は醤油ではなくて、"タレ派"です。皆さん、納豆はよーくかき混ぜてからタレですよ。

　納豆の話、もう少し引っ張って良いですか？　俺は普通にご飯

にかけて食べるのが一番好きなんだけど、納豆もいろいろな食べ方があるみたいで……。前に飲んだ後、松屋だったかすき家だったかに寄ったら、隣に座ったあんちゃんがカレーと納豆を頼んで、カレーに納豆をかけて食べていました。周りの選手とかに聞くと意外と普通の食べ方みたいで、当時驚いたのですが、それを上回る食べ方がこの前テレビで紹介されていました。途中から見たので、どこの食べ方かはわからないのですが……。ナント納豆に砂糖と醤油をかけて食べるそうです。甘納豆みたいになるのでしょうか。でも甘納豆は砂糖だけだし……。ちょっとショッパイ甘納豆(°○°)?? ナゾです……。しかもその地域ではごく普通の食べ方のようです。納豆も日本もまだまだ奥が深いですね。納豆好きとしてはキリがなくなりそうなので、ここらで終わりにします。

　さて来週担当のシオへの質問です。入学シーズンにちなんで、入学式にちなんだエピソード、もしくはノアに入門するときの心境をお聞かせ願えればこれ幸い(~-~)ノノ彡。

　最初にも書きましたが、今回は約1カ月のナビです。お近くへ行った際はご声援をお願いいたします。三沢でした。

2007・4・6

ち　あーすっ。4連戦が終わってちょっと一安心している三沢です。
　　連戦は疲れるね。次の日に試合があるとゆっくり深酒もできないしね(←←そこかよっ) というのは冗談だとしても、実際に休まらないと言うか、気持ちを切り替えられなく

て疲れるんだよね。で、今回も17日の鹿児島大会が終わってから2日間のオフがあったのだけど、鹿児島の翌日は広島へ移動して、その次の日は名古屋へ移動。2日間とも移動だから、気持ちの面では少し余裕を持てるけれど、体の方はやっぱりあまり休まらないかなぁ。

そういえば今回は神戸大会の後、食事会がありました。運営された皆さん、ありがとうございました。姫路プロレスのお2人、MCはイマイチでしたが（!）、楽しく過ごさせていただきました。そして円広志さん、わざわざ来てくださってありがとうございました。そういえば昔、……だったかなぁ……そんなに昔ではなかったかなぁ……確か新大阪の駅だったと思うけれど（違っていたらごめんなさい）、ホームで「握手をしてください」と言われて逆にこっちが嬉しくなったことを思い出しました。これからもプロレスを観に来てくださいね。

話が戻りますが、今回のナビは6日の高松〜8日岡山までの3連戦もきつかったなぁ。でも皆さんにご心配おかけした青タンはきれいに消えました。ご心配いただきありがとうございます。

まとまりなくナビの模様を書いてしまいましたが、ここで潮崎の質問に答えましょう。っていうか、もう変身ベルトを巻いて喜んでいる歳じゃないからお前は(ﾟ◇ﾟ)σ。仮面ライダークウガの変身ベルトを巻いてはしゃいでからヨーロッパ遠征に出発したらしいけれど……。まぁ、気持ちはわかるけれど……。俺も仮面ライダー新1号のベルトは持ってるし(^-^)v。

話が鼓太郎っぽくなってしまったので、シオからの質問に戻して。俺がメキシコ遠征に行ったのはプロレスに入って3年目

の頃だったかなぁ。当時は「遠征」と言うよりも「修行」だね。呼び方はもちろんだけど、内容的にもいろいろな意味で「修行」でした。まず会社から渡されるのは往復チケットだけ。期間なんて決まっていないからオープンのチケットだし、住むところも用意してくれているわけではなくて、着いてすぐに入るウィークリーマンションみたいなところが1週間くらい予約されているだけ。

　ちなみに海外はこのときが初めてじゃなくて、高校生のときに学校のアメリカ遠征で約1カ月と関東選抜の遠征でも1週間のアメリカがあったけれど、2つともあくまでも「遠征」。ホームステイしたり、帰りにハワイに寄ったりして、今から考えると楽しい遠征でした。

　で、話をシオの質問に戻すと、プロレスに入って3年目の21歳のときに越中さんと2人でメキシコ修行に出発しました。何も知らないところに2人だけで行くのだから、もちろん苦労の連続。言葉は覚えてしまえばスペイン語は日本語と発音が同じだからそれほど難しくないけど、食事は慣れるまで大変だったね。俺はそんなにひどくお腹を壊すことはなかったけれど、越中さんは食中毒になって大変。外国で病気になるのは心細かっただろうなぁ。

　基本的に住み慣れない異国の町で1カ月以上暮らすのは大変だと思う。でもまぁ3カ月過ぎれば慣れるのかな。俺の場合は5カ月で帰国したけれど、帰って来れる日が決まっているわけじゃないから出発のときは不安よりも寂しさが強かったのを覚えています。

　成田といえば普通は出発の場所。出発だから、旅行であれな

んであれ、華やいだ気持ちになることが多いはずの場所だけど、俺にとっての成田はどうしても、別れ、辛い思い、寂しい気持ちが詰まった場所です。"遠征のエピソード"からは少し遠くなってしまうけれど、海外遠征では必ず使う場所だから、こんなとこでいかがでしょう。**まぁでもそんな辛い気持ちを乗り越えて人間は大きくなるのかな**(俺、えらそー(*~^~*))。

　次回は平柳の番です。ということでヒラに質問。「お前の趣味って何??」。別に変な意味で興味があるわけじゃないけどさ。よく考えたら"これ"っていう趣味を知らないなぁと思って。

　長いナビでちょっとお疲れ気味の文章になってしまいましたが、後半も頑張ります。そして最終戦では佐野選手の挑戦を受けます。佐野選手自身もコメントしているように、決して派手なアピールをする選手ではありませんが、寡黙な中に強い意志を持った選手だと思います。気を引き締めて最終戦を迎えたいと思います。お時間のある方、ぜひ応援にいらしてください。

　三沢でした。ではまた2週間後に。　　　　　　　　2007・4・20

ち　あーっす。武道館が終わって、みぞおちの辺りがまだ痛い三沢です。くらったね……。だいぶくらったね、ソバット。武道館の次の日は、咳をするとみぞおちにだいぶ響いていました。武道館にご観戦に来てくださった皆様どうもありがとうございました。昔からそうだけど……、大きな試合の後は体の節々が痛い。しょうがないけど辛い仕事です。

　さて武道館のあった土曜日からゴールデンウィークに入って

いますが、皆様はどうお過ごしでしょうか？ 暑くなったり寒くなったり、雨が降ったりして、過ごしにくい休日になってしまいましたが、楽しく過ごしているでしょうか。ゴールデンウィークも何気に仕事が入っていて、チョコチョコ動いている私ですが、ぶっちゃけ締切りの都合上、この日記は2日に書いているので、連休の仕事がまだ始まっていないから（前半は武道館と痛みで終わったし……）ゴールデンウィークの感想については、書きたいけど、書けません。

　ということで、連休中のイベントについてはまたの機会に。9連休という方もいらっしゃるみたいで、世間にとっては大型連休。新しい生活が始まった方にとってはちょうど疲れている頃だと思います。またそうでない方にとっても新年度が始まり、心身共に疲れている頃だと思いますので、ゆっくり休んでほしいものです。

　ということでここで、無趣味の平柳からの質問に答えておきましょう。今まで飼った動物をあげると……。犬、猫、カメ、ウサギ、オカメインコ、カエル……。現実味のある動物はほとんど飼ったから、今は特に思いつかないかなぁ。しかも自分で面倒を見れるのなら良いけれど、仕事上、そうもいかないから難しいね。

　ちなみに話を2週間前に戻すと、平柳には「趣味は何?」と聞いたけれど、実際には俺もこれといった趣味はないかなぁ。好きなのは車くらいだけど、これも趣味というと少し違う気がするし、フィギュアも好きだけど、フィギュアについて語ると鼓太郎がそっちの道にひきずりこむから、あまり語りたくないし。

　というわけで最近、「趣味は何ですか?」と聞かれると「二度寝

」と答えている三沢です。たまにしかできないから"趣味"なんだよね。しかも、少しだけ寝るのではなくて、一度起きてから2時間か3時間寝られるといいなぁ。

　と、少し疲れているような話題になってしまったので、ここへ伊藤への質問。ケガでの欠場から復帰して少したったけど、試合に対する姿勢は変わりましたか？ **俺自身の経験からだと休みの1カ月くらいはケガの痛みで過ぎるんだけど、その痛みが過ぎて、2～3カ月くらいたつと試合をしたくなるんだよね。** 焦りが出てくるというのも大きいけれど。復帰してすぐの時期と今では違っている面もあると思うので、そこんとこ聞かせて。

　というわけで三沢でした。連休中はディファカップ等があります。出場選手へのご声援、よろしくお願いいたします。また2週間後に。

2007・5・4

ち　あーすっ。これが載る頃にはナビが始まっているんだろうなぁと思いながら日記を書いている三沢です。
　プロレスの話とは少し違いますが、先日「行列のできる法律相談所」のVTRロケとスタジオ収録をしてきました。VTRには俺だけではなく、田上、リキ、ヨネ、杉浦、フジマル、伊藤、一平、谷口が出演しています。例によって放送するときには10分かからないであろうVTRですが、5～6時間かけて収録しています。それだけの内容となっていますので、ぜひ楽しみにしてください。ちなみに前に出演したときは「社長、ナイス・スープレックス！」という名（迷？）言が飛び出しましたが、今回はそれを超えるセリフがあるのかも、見てのお楽しみで

す。VTRの収録は5月3日に行いましたが、スタジオはさらに日を改めて収録しています。詳しくはサイトの最新ニュース、5月3日付けの記事をご覧ください。お見逃しのないようにしてください。

　さてここで「海やプールは好きですか?」という伊藤からの質問に答えたいと思います。どちらも嫌いではないけれど、どちらかと言うとプールの方が好きかな。でもプールの方が好きとは言っても、何分にもこの体。目立つんだよねぇ。だから本当はプールにある滑り台とかのアトラクションが好きなんだけど、控えるようにしています。……本当に行動しづらい世の中です~\(-_-)/~。ちなみに海も嫌いではないけれど、あのベタベタした感じがいやなんだよね。それにこれもいろいろなところで話しているけれど、20代後半から日に焼けると湿疹ができるので、極力、強い日差しには当たらないようにしています。

　海は泳ぐというよりも水の中を泳ぐという感じかな。わかりにくい表現だったかもしれませんが、今は海に行くのはスキューバをやりに行くときくらいです。でも海でもプールでも水の中で動くということは体力を使うから、リハビリとかをするには良いですよね。とはいえ、気がつくと体力を消耗しているから、無理をしないことが一番。特に海は安全な場所ではないですし。これから夏のマリンスポーツの季節になりますが、毎年、水の事故が必ずあります。**海に行かれる方は自分の体力に少しずつ余裕を持って安全に楽しんでもらいたいなぁと思います。**

　それにしても、海の家で食べるものは、ちょっと申し訳ない言い方だけどたいしたメニューではない、と言ったら失礼だけ

ど、わりと単純なメニューなのに、なんであんなにおいしく感じるんだろうね。俺にとって海の家での定番は、ラーメン、カレーライス、カキ氷かな。どれも特別なメニューではないのになぁ。そのわりに値段も高いし……。でもおいしいんだよなぁ。

　と最後は少しぼやきになってしまいましたが、ここで来週の担当・ノアの超シンセイ（←片仮名に深い意味はありません）一平に質問です。最近「DS」にはまっているらしいけれど、オススメのゲームはなんですか？

　さて話をナビに戻すと今回は久々に札幌で防衛戦があります。札幌の夜はゆっくりできませんが、終わってからエンジョイしようと思っています。今回のナビも体調とケガに気をつけて頑張りたいと思いますので、応援のほどよろしくお願いします。……みたいな (o^▽^o) 三沢でした。それでは皆さん、また2週間後に。

2007・5・18

ちあーすっ。ナビ真っ最中。ちょっとお疲れ気味の三沢です。(←←いつもじゃねーかよっっ(-"-#)) "飲み"が続いたというのもあるけど (←←というよりもそっちの方が多いんじゃねーかよっっ(-"-#)) リングの中は元気で頑張ってまーす。まずは居酒屋に一人で行く一平からの質問に答えましょう（居酒屋に行く前にどこかで2000円か3000円使ってから行くらしいけど、どこで使っているのかは触れないでおこう (-"-#))。

　さて一平からの質問ですが、基本的にブランドにはこってな

いんだよね。カバンとか、消耗するものに何十万円も払う感覚は、俺にはよくわからない。ただ、良い物は長くもつというのはあるかな。だから巡業に持って行ったりしてかなりハードに使うカバンはヴィトンとあとはゼロのケースが多い。何気に丈夫だから長持ちするんだよね。細かく壊れたりしてその都度、買いに行くのも面倒だし、修理もしてくれるのが良いよね。と、わりと普通の答えになってしまいます。

　そういえば一平の日記に「寄生虫博物館に行った」って書いてあったなぁ。寄生虫が寄生虫を見に行ったんだね。

　ということで、一平のことはこの辺にしておいて、今回のナビは半年ぶりに北海道にお邪魔します。今回は先週の土曜日に北海道に入りました。いつものごとく青森からフェリーに乗って函館へ。フェリーの中は大体みんな寝ています。俺は所要時間約4時間のうち、2時間寝て、後の2時間はゲーム。今回はDSで"スペクトロブス"をやっていました。どんなゲームか気になる人は調べてみてください。よく"フェリーの中でゲームをやって酔わないですか?"と聞かれますが、俺は全く平気。今回も函館の方に「揺れませんでしたか?」と聞かれましたが、揺れませんでした。というよりも感じませんでした。

　毎回移動でかなり疲れて到着する北海道ですが、それでもやっぱり北海道は魚貝類がおいしいよね。鼓太郎は箱ウニを一人で食べていました。ちなみに今週は3日連続興行があるのでこの日記は少し早めに書いているので、せっかくの北海道ですが、北海道ネタがあまりなく、写真もタヌキの1枚だけになってしまいました。

　北海道での話は、また機会があったら紹介させていただくと

して、この辺で、質問に入らせていただきます。今回は、最近ずっとお酒を飲んでいないので、飲みたがっている周平に質問です。お前はいつから自分が"M"って気づいたの？　あっ、これは性格の話だからね。他の意味でも良いけどさー、どちらの意味かは周平に任せます。

　それでは、今回はこの辺にさせていただきます。皆さん来週の周平の答えにご注目ください。

　今回のナビは最終戦でGHC選手権もありますが、頑張って防衛するから、応援に来てください。また札幌大会の前日は公開のイベントがあります（詳しくはサイトのイベント情報、5月24日付けの記事をご覧ください）。お時間のある方、こっちも来てね (o^-')b。

　三沢でした。それではまた再来週。　　　　　　　2007・6・1

ち　あーすっ。冬でもクールビズなのに、今から30℃もあってどーすんだよっっ!! 三沢です。
　　ナビが終わってただ今、オフ中。札幌でのGHC戦は無事に防衛することができました。応援してくださったファンの皆様、ありがとうございました。

　早速ですが、谷口からの質問に答えたいと思います。……俺は生まれたときからSだからっ。ていうか、俺は生まれるときも自力で出てきたから（お母さん、ごめんなさい）というのは冗談として。正直、Sかどうかは自分自身ではよくわからないのだけど、人からはよく"ドSですね"と言われます。でも俺の場合は谷口のMと違って、性癖ではなくて性格だから。何で性癖

ではないのかはここではあえて書かないけれど（本当は書きたい気持ちはいっぱいだけど）、性格については"俺ってSだなぁ"と思うことが多々あります。というよりも少なくともMではないですね。

　例えば飲み屋さんとかで隣に座った女性から肩を叩かれるだけでイラッとくる。ふざけて頭を叩かれた日にはブチ切れる。といってもさすがに暴れるわけではなく、そういう女性とは口を利かなくなる。で、そうなるとなぜかさらにイラッとくることが重なるもので、「あれをしてこれをして」というようなことを言われてさらにイライラ。「あれして」とか指示されることが嫌いなのは、相手が女性に限ったことではないけれどね。今考えると若い頃は口より先に手が出ていた時代もあった人間ですから。それを考えると、今は大人になったのか歳をとって丸くなったのか。筋が通らない話が嫌いなだけなんだけどね（まぁ、その"筋"も自分の中で勝手に決めていることだけど）。

それにしても世の中、最近、筋の通らない話が多いですよね。世間では異常な犯罪だらけだし。一番気になるのは親子の間で殺人事件が起こったりすること。ファンの皆さんはまっすぐに育ってほしいなとつくづく思う三沢であった。

　話は飛んで今日は"only BMW"という車雑誌の取材を受けました。タイトルからわかる通り、BMW好きの僕がBMW専門誌の取材を受けたワケですが、興味のある方は読んでみてください。ちなみに車に乗ったら温度計が30℃を超えていました。

　最初にも書きましたが、6月だというのに暑い日が続きます。今年は"ラニーニャ現象"という現象から暑い夏になるらしいの

ですが、すでに俺にとってはクーラーがないと寝れない気候です。こんな暑い時期、◎◎◎のも汗ダラだよね。まして個室にこもるなんて大変だよね。な、一平っ（←←この文章の意味は皆さんのご想像にお任せします）。言っとくけど、お前の坊主頭は気持ち悪いよ。こんなことを書くと"なんということを〜〜"〈注：一平風〉という一平の声が聞こえてきそうですが、ということで（どういうことだよ）……無理やり俺と同じSだと思う青木への質問へ行きたいと思います。イギリスはどうだった？？

次のツアーあたりからは暑い会場もあると思いますが、選手と一緒に闘っているような気持ちで観てくだされば嬉しいなと思います。次期ツアーも応援、よろしくお願いいたします。三沢でした。それではまた2週間後に。 2007・6・15

ち あーすっ。チン袋が蒸れる気候になってきましたが、学生の方はインキンにならないように気をつけてください。

しかしこれからの季節は何をするにも汗が出てきます。基本的に汗をかくのは嫌いじゃないけれど私服ではなくて、スーツのときとかに汗をかくのは、ちょっとウザくなりますよね。定番の話題ですが、やっぱり暑くなるとトイレが大変だよね。僕たちレスラーにとっては冷房が効いていないトイレに入るとい

うことは（まぁ、個室なので"大"ですが）サウナ状態に入るということです。ちなみにレスラーがトイレから汗をかいて出てくると「大をしていたな」と思うのですが、このトイレでかく汗を僕たちは"ウン汗"と呼んでいます。"しょっぱなから汚ねーな"と思っているそこのアナタに問いたい。アナタはウンコをしないんですか?

　としつこく、食い下がったところで、最近社員から聞いた話。
　通勤電車の中で倒れた人がいたのに、見て見ないフリをしていた人がほとんどで、その社員が駅員さんに連絡をしている間も、倒れている人のすぐ隣の人も、漫画を読んだりして知らんぷりだったそうです。非常ボタンとかいくらでも対処の方法はあるはずなのに、目の前で困っている人がいて、何もしないってある意味すごいよね。かくいう俺も若かりし頃、似たような経験があります。確か20歳くらいの頃のことだけど、終電だったのかなぁ。試合が終わって新宿から小田急線に乗ったら女性が、酔っ払いのオヤジに絡まれていた（ポケットに"レッド"を入れていそうなオヤジでした←今週の"わかる人だけわかればよい"です）。若かったこともあって、すぐに止めに行ったけれど、そのときも周りの人は見て見ないフリをしていたなぁ。あとはこれもまた違う話だけれど、昔、初めて行った飲み屋でそこのマスターが客（もしかしたら知り合いとか顔馴染みだったのかもしれません）に絡まれていた。で、止めたんだけど（俺らは手を出すわけにはいかないから、ケリを入れられたりしてバランスを崩しても、相手を止めるだけしかできないんだよね）、そのときにその酔っ払いが最後に言った捨て台詞（ぜりふ）が「デケーか

らって……」。「**お前が遊んでいるときに俺は一生懸命練習してこの体を作ったんじゃっ、ボケッ**」**と心の中で言ったね。**

　……宮城県で高校生が電車の中で倒れている人を見つけて、適切で迅速な対応をとったお陰で、大事に至らなかったという最近のニュースを耳にして急に思い出した話題でした。俺自身がそんな事態に直面したときに適切な行動がとれるかどうかはわからないけれど、人と人のつながりは大切にしたいな、と思います。

　さて、らしからぬマジメな話に行ったところで、青木からの質問に答えたいと思います。

　海外から帰ってきて、やりたかったことかぁ。これぶっちゃけていいの? これぶっちゃけていいの? そりゃぁ、ぶっちゃけたら……だけどさぁ、"……"の中身はご想像にお任せします。ひとつだけ言えることは、一平と違って、個室にはこもらないよ。ということは置いておいて。

　他には……、食べ物と風呂かなぁ。食べ物は日本蕎麦(そば)が食べたかった。あとラーメンと丼もの。丼ものは向こうでもあるにはあったんだろうけれど、あんまり見なかったし、風呂にも入りたかったなぁ。ホテルか温泉で肩までゆっくり浸かりたかったなぁ。結局半年足らずで帰ってきた遠征だけれど、当時は期間が決まっていなかったから2〜3年は覚悟して行ったことを思い出します。

　この辺でシオへの質問。夏といえばやっぱりアイス。シオが最近気に入っているというかオススメのアイスはなぁに? ちな

みにコンビニで買えるもの限定です。俺はシオが買ってきてくれる"ピノ"と、あとは"ガリガリくん"も好きです（クリーム系が食べたいときと氷系が食べたいときがあるしね）。

　さてこれから本格的に暑い季節になりますが、皆さん体に気をつけて、プロレスを元気に応援してください。
　三沢でした。ではまた2週間後に。　　　　　　　　2007・6・29

　ちぁ〜す、連戦でお疲れ気味の三沢です。
　今回のナビは4連戦、3連戦、4連戦と連戦が続き、中1日ずつ休みが入ってますが、試合が終わってそのまま夜中に東京戻り……の休みなので、休みというより移動日みたいなもの。ちゃんとした休みにはなってないので、みんな疲れ気味かな。Jr.の選手はそのうえタッグリーグなので、もっと疲れてるんだろうな。みんなケガには気をつけて頑張ってくれ〜。

　話は変わりますが今ナビは付き人の一平がイギリスに行っていて、代わりに先代(?)の付き人・鼓太郎がやってくれているのでイラッ(`ヘ´#)とすることがなく、平穏に過ごせた感じです。ブヒャヒャヒャヽ(^m^*)ノ一平はイギリスで力皇に迷惑をかけていないか、それだけが心配です。本人はどこにでも順応できる特異体質なので、一平のことは心配してませんブヒャヒャヒャ(~-~☆。

　ここで潮の質問に答えましょう。
　健康診断前の摂生なんて、ぶっちゃけしていないよ。最高で

健康診断前の3日間、酒を飲まなかったくらいかなぁ。第一、摂生とかしないで、日常の状態を見てもらわないと、健康診断の意味がないんじゃないの? 某小川選手は摂生して臨むらしいけどね……。俺は今年はまだ終わっていないんだよね、このナビが終わってから検査だから、詳しくは載せられないと思うけれど、できる範囲で何かの機会に書いていきたいと思います。

　ここで次週の担当・平柳への質問。

　身長はいつまで伸びていたの? あきらめたのはいつ??

　さて、今ナビも気仙沼と武道館を残すだけになりました。お時間のある方、お近くの方、ぜひ会場に応援にいらしてください。日曜日の武道館大会はGHC選手権。頑張ります。田上とのシングルは何回目になるんだろう? **お互いに体がきつくなってきているけれど、頑張れるところまで頑張ろうよ、なぁ、田上。**

　三沢でした。それではまた2週間後に。

　あっ、最後になっちゃったけど……。あさりど・成ちゃん、お誕生日おめでとう(^▽^@)。

2007・7・13

ち　あーすっ。
　月曜日、行ってまいりました。健康診断。
　朝8時半に集合。採血⇒視力検査⇒心電図⇒エコー⇒聴力⇒肺活量⇒⇒⇒そして……、今回もやってまいりました、バリウムX(゜ロ゜三゜ロ゜)X。検査室に入った途端に係の方から「三沢さん、今日も頑張って飲んでください」と一言。「頑張っ

てください」と言われてもねぇ……。あれってやったことのない方は、自分はただ立っていて、台が勝手にグルグル回ってくれると思っているかもしれませんが、それは大きな勘違いです。自分でも、向きを変えたり、回ったりしないといけないんです。それでなくても、武道館のタイトルマッチ直後はなんともなかった首が、試合後2〜3日たってから急に激痛に襲われて、寝るのも痛い中での検診だったので、そこから回るのはとても辛い状況でした。

　なんとか検査を終えましたが、終わった後は毎度お馴染みの汗ダラダラです。多分、胃の検査で汗ダラなのは俺だけじゃないでしょうか……。バリウムの検査が終わってから下剤を6錠くれましたが、まずは速攻で2錠飲んで、検査はとりあえず終了。朝早かったこともあり、10時半には全て終わって家に帰って食事をしてからトイレへ。ちょっと下痢気味のウンコ。で、少し寝ようと思い、横になったのですが、2時間ちょっとでお腹が痛くなり始め、トイレへ。"帰ってからすぐにトイレに行ったから、硬くないだろう……"と油断して踏ん張ったらビックリ。自分の感じではまさに"ポーンッ"って音がしたような気がしました（もちろん、実際にはそんな音はしていないと思いますが……）。肛門の痛いこと痛いこと……ヘ(><#)ノ。

　初めてバリウムを飲んで、まだバリウムを舐めていたときの感じと酷似していたねー。そしてちょっとの間をおいて2度目の波。いやぁ、このときも痛かった。肛門が切れているのかと思ったね。出血が心配になって思わずトイレを覗き込んだ私……。そしてその晩はちょっと接待があったので、少し酒を飲んで就寝。翌日は、"昨日、痛い思いをしているから大丈夫だろ

う"とまた油断してトイレに行ったら、痛てーの!"前日に出ているのになんで?"と思う方もいらっしゃると思いますが……、俺が聞きてーよっ!! 肛門くんにとっては辛い2日間でした。

　ちなみに、くどいかもしれませんが、例えていえば"おにぎり"くらいの大きさが出たように感じました（おにぎりを食べながら読んでいる方、ごめんなさい）。年に1回のことだから仕方がないけれど、3回の痛みはきつかったねぇ。しかも首が痛いから"踏ん張り"が効かないし、肛門が痛いから"踏ん張れ"ないし。"踏ん張り恐怖症"になったね。

　さてこの辺で平からの質問に答えましょう。とその前に。身長って普通は中学生くらいであきらめるものじゃねーの!? 往生際が悪いよね、平。質問は"女性の髪型で好きなスタイルは?"というものだったけど、うーん、特にこれといってないかなぁ。"これじゃないと"というのはありません。ただ前髪をパッツンと切った髪型はあまり好きじゃないかな。うまく表現しづらいのだけど、坊ちゃん刈りの前髪を短くしたような切り方です。理由も難しいのだけれど、せっかく女性は髪型もいろいろと楽しめるのにもったいないなぁと思うからです。まぁ、あの切り方を選ぶという選択肢も髪型を楽しんでいるうちに入るのかもしれませんね。髪型といえば、最近はサラリーマンの方で坊主刈りも増えましたが、俺自身はまだ少し違和感を覚えてしまう世代です。**いずれにしても髪の毛が長い方はラーメンも食べづらそうですので、髪の長い方はしばって食べましょう。**

　ここで次回の担当、最近は茶髪にしてヒゲを伸ばしつつ、試

合にも安定感が出てきて新しいことにチャレンジしている伊藤に質問です。学生時代の夏休みで一番印象に残っていることはなあに？俺はよくカッパと遊んだことが思い出されます。"かあたん"は今、何をしているんだろう……。ヘラクレスは元気かなぁ……(-_-)。

　夏休みも始まり、海や山に出かけられる方も多いと思いますが、ケガには十分気をつけて、夏を楽しんでください。それではまた2週間後に。三沢でした。　　　　　　　　　2007・7・27

　ちあーっす。暑いですねぇ。クーラーのない方はどうやって過ごしているのでしょうか？"クーラーがなければ死んじゃうよ"と思う今日この頃の三沢です(((=_=)))。

　考えてみれば、子どもの頃はクーラーはもちろんなかったし、扇風機だけで十分過ごせたのに、ここ何年かの日本はとても暑く感じるのは俺だけ？ちなみにこんなに暑がりだけど、夏バテをしたことはないんだよなぁ（子どもの頃はよく"あせも"ができて、ベビーパウダー[シッカロール？]をつけていたけれど）。夏バテしないコツはとにかくちゃんと食べること。この"ちゃんと"というのがポイント。栄養が偏らないように、素麺や冷やし中華だけで過ごさないことです。素麺だけだとすぐに腹減るしね。

　暑い日が続いていますが、僕たちはオフの間も相変わらず慌しく過ごしています。そういえばこの前、"オッパッピー"の小島よしおさんと"CS日本"の収録でご一緒させていただきまし

た。私的には……、絡みづらい！！(←ギャグです)。まぁ、詳しい内容は大喜びだった鼓太郎の日記で触れると思いますので、ここでは割愛させていただきますが、ご覧になった方々はいかがだったでしょうか？

　先週末は「かすかべ湯元温泉」でSEMの試合がありました。暑い中、ご観戦いただいた皆様、ありがとうございます<(_ _)>。会場に行っていたのですが、申し訳ないと思いつつ、試合はバスの中から観ていました。暑さも心配でしたが、他にも屋外の試合で、照明がなく、陽が落ちると試合を観ていただけなくなることも心配でした。今回はギリギリで明るいうちに終わって一安心。今日(8月10日)は汐留で試合があります。皆さんが想像されている以上にきっと暑いと思うので、持てる方は着替えを、着替えを持てない方は、団扇か扇子をお忘れのないようにしてお越しください。

　さて今週末からお盆休みに入る方も多いと思います。皆さんはどのように過ごされるのでしょうか。僕らは試合があるので、ゆっくりはできませんが、**お休みを取られる方、お墓参りに行かれる方は日ごろの無事をご先祖様に伝えて感謝の気持ちを表すのが、やはりお盆らしいお休みだと思います。**

　今回はここで伊藤からの質問に答えようと思うのですが……。

　ファミコンって、遠いよっ\(--;)！。だいたいお前いくつだよ。ファミコンの時代から20年以上たってるんじゃないか？ ファミコンってそんなに種類がなかったような気がするけれど、どうだろう。ファミコンといえば、俺は出てすぐに買ったからね。最初のソフトはなんだったかなぁ。忘れちゃったなぁ。"スパル

タンX"とかあって、"ブロック崩し"が、何気に難しくて、はまったのを覚えているけれど。今、考えると画面も粗かったんだよね。でも当時は「タダでゲームができる！」という思いで朝までやっていたことを覚えています。

　というわけで、「難しかったゲーム」は特にナシ。

　最後にリキと同行のヨーロッパ遠征から帰って来た来週の担当・一平への質問です。反省というか懺悔の意味を込めて答えてください。迷惑をかけなかったコトはなかったと思うけど、遠征期間中、自分なりに"やっちゃったなぁ"と思うことは何？お前は自分が思っているよりバカなんだからな、一平。

　ここから暑さも盛りだと思いますが、皆さん体に気をつけて過ごしてください。

　三沢でした。また2週間後に。　　　　　　　　　　2007・8・10

　ちあーっす。ただ今、ナビ真っ最中。今日は移動日。昨日の酒がバリバリ残っている三沢です。

　もうすぐ8月が終わるというのに、まだまだ暑い今日この頃、皆さん、お体は大丈夫でしょうか？

　俺たち選手は……、新しい体育館はそうでもないんだけど、**夏場のこの時期って北の方へ行くと体育館に冷房がなくて意外と辛いんだよね。逆に冬場に南へ行くと暖房がなくてこれもまたきついんだけど……**。僕らは体育館が仕事場のようなものなのですが、普通の方は体育館に行く機会はあまりないので、皆さんご存じないかなと思ったのでお知らせでした。

ここまでで今年一番暑かったのは築館の体育館かな。何しろ試合前にすでに2試合分くらいの汗をかいていたから。練習で1枚、練習の後、控え室に戻っても汗がひかないから2枚。合計3枚のTシャツが試合前ですでに汗でビショビショでした。会場が暑くても控え室は冷房が効いているだろうと思っている方はいらっしゃるかもしれませんが、残念ながら、会場に冷房が効いていない場合は控え室も同じ状況のことがほとんどです。同じ暑くても屋外の会場ならば納得できるけれど、でも屋外だと、やっぱり雨が心配だし……。やはり"夏は暑いもの"と思うしかないですね。

　屋外といえば今年も皆瀬(みなせ)大会がありました。築館大会の翌日でしたが、やはり山だけあってかなり涼しく感じました。観戦された皆さんは楽しんでいただけたでしょうか？ 恒例となっている皆瀬大会ですが、出店(てみせ)もいくつか出て、夏休みらしい雰囲気が今年もいっぱいでした。俺も子どもの頃は祭りが好きで、もちろん出店が楽しみなのもあるけれど、実はもうひとつ別の楽しみが(~-~☆。祭りの翌日は朝一番で出店が引き払った後に行くと、小銭が落ちていることがたくさんあって、それを友だちと拾って回ったなぁ。

　さてココで、一平ちゃんからの質問に……………………………、答えてやるっ(~へ~)。

ていうかお前、絶対にそんな甘いもんじゃないと思うよ。お前は、自分で失敗だと思っていない失敗がもっとあるんだろうね。自分では"プラス思考"とか"ポジティブ"とか言ってるけれ

ど、言い方を換えれば"お前の場合は"鈍感とかと一緒だから（もちろん、本当にプラス思考の方がほとんどだと思います。これはあくまでも一平の場合ですので）。

　ということはさておき、共通だったらよいなぁと思うもの。それは一番は言葉だろー。あとは何だろう。やっぱり言葉と通貨だね。それが同じだったら、全然楽だよね。

　一平への答えはこの辺にして、来週の担当・周平への質問です。
　小学校の頃限定で、夏休みの宿題で一番苦手だったものは何？
　ちなみに俺は絵日記。とにかく毎日書くのが面倒だったなぁ……。

　さてまだまだ暑い日が続きますが、腹を出して寝て、お腹を壊したりしないように気をつけましょう。
　三沢でした。また2週間後に。　　　　　　　　　　2007・8・24

　ちあーっす。9月に入り、世間的にはやっと涼しく過ごしやすくなっていると思いますが、皆さん、いかがお過ごしでしょうか？　僕的には、まだまだ暑くて裸で寝ている三沢です。
　普通はTシャツ1枚で寝るんだけど、夏は寝汗をかいてしまい、それが冷えると風邪をひくので、結局、裸が一番です。裸で寝て汗をかくとシーツをすぐに洗わないといけなくて、家では

大変だけど、僕らはホテル暮らしがほとんどなので、ホテルの方が毎日取り替えてくださっているはずですので……。

　汗つながりということで、やっぱり夏場は(僕の場合は冬もですが)、ハンカチは常に携帯です。統計的には(?)ハンカチを持ち歩いている男の人はサラリーマン以外はあまり多くないようです。**よく顔中を汗だらけにしている人を見かけますが、"その汗はいったいどうするんだ!?"と一人ひとりに聞いてみたい**。ハンカチを持っていないということは当然ティッシュも持っていないはずですから。不思議だなぁ。

　あっ、でもティッシュで顔を拭くと、ヒゲが生えていると、ティッシュの破片が顔に付くんだよね。同じように……(ここからビロウな話題になります。食事中の方はご注意ください)……ケツ毛が毛深い人はケツを拭いたときにティッシュの破片がケツに付くんだよね。僕の友だちでケツ毛が濃い人がいるんだけど、奥さんに剃ってもらっているそうです。ちなみにT字カミソリではなく、一枚刃のカミソリでグルゥッと。おっかねー((((·o。)))。それにしてもこの奥さんすごい技術だよね。一歩間違うと"コウモンサマ"血だらけ。"インロウ"どころじゃないぜ。

　と、ここで、もっと引っ張りたいところですが、とりあえず谷口の質問に答えておきます。屋形船には2回乗ったことがあるよ。1回目が隅田川の花火大会のときで2回目が選手会の忘年会。何年くらい前だったかなぁ。ガモが選手会長だったときで、選手会の選手だけではなくて、取締役の選手も参加して飲んだんだよなぁ。屋形船は初めて乗る方は楽しめると思うのですが、まず基本的にトイレがひとつしかなかったりすること

が、酒を飲む以上、少し危険。あとはこれは俺たちならではの悩みだけど、外に出ないときちんと歩けなくて、天井が低くて中では中腰だから、腰が悪いと動き回れないんだよね。というより座敷が何より苦手だからイスがないというのが一番のネックかな。2〜3回乗ればいいかなと思っているのは僕だけでしょうか。でも気に入る方は気に入るし、それにいつもと違うところで飲めるというのは何はともあれ楽しいよね。でもあれってグデングデンに酔っ払った人が水に落ちたりしないのかなぁ……。

　さて夏休みも終わり、仕事も学校も始まっていると思いますが、皆さんはこの夏休み、何か楽しいことはあったのでしょうか|(~0~)|? ひと夏の経験はしたのでしょうか……|(~0~)|。新しい出会いはあったのでしょうか……|(~0~)|。「どこまで引っ張るんだよ!」という声が自分の中でも聞こえてきたので、この辺で。あっ、でも本当にヨコシマな気持ちではなくて、夏休み明けって、なぜか男子は男らしく、女子は大人びて見えたような気がします。たまたま、毎日会っていたのが久々だからそう思っただけかもしれませんが。

　話は変わって、最近この日記で一平いじりが流行っているらしく、なんだかほぼ毎日、一平の話題を読んでいるような気がします。まぁ良い話題にしろ、"?"な話題にしろ、一平にとってはみんなに気にかけてもらえるのはよいことでしょう。もちろんこんなことはわざわざ言わなくても"自称・プラス思考"の一平は最初からそう捉えていると思いますが。

　でもこの一平いじりだって、本人が苦痛に思えば「いじめ」になるのかと思うと、いじめ問題の解決というのがどれだけ難し

く繊細な問題かということを改めて考えてしまいます。ニュースのコーナーにも掲載されている通り、今回"キッズ・プロジェクト"というキャンペーンを行います。直接の解決には役に立てなくても、いじめに悩んでいる人の力に少しでもなれたらと思います。皆さん、ゼヒ参加をしてください。

　ということで、今回はいつの間にかずいぶんと長い日記になりましたが、最後に青木への質問です。世界陸上が終わったけれど、青木は陸上競技で何が一番得意だった？　俺は短距離と走り高跳び。短距離は市の大会に小学校の6年生のときにリレーで出ただけだけど、高跳びは同じ大会に5、6年生の2年連続で出て、優勝もしたよ（←←自慢じゃないよ、自慢じゃないよ）。

　さて皆さん、涼しくなって来たからといって油断をすると風邪をひきやすくなるので、季節の変わり目だからこそ、体調管理を万全にして、元気に秋を迎えましょう。そして今週末は9日（日）に日本武道館大会が行われます。お時間のある方、ぜひ応援にいらしてください。それではまた2週間後に。

　………君は一平の額に楊枝(ようじ)を立てられるか！（←注：鼓太郎の日記ご参照ください）。

2007・9・7

ち　あーすっ。暦(こよみ)的には秋なのに、なかなか涼しくならないなぁと思っている三沢です。
　　　皆さん体調は崩していないでしょうか？　実は私、武道館前日の8日から体調を崩してしまい、8、9日は風邪をひいたかな、という程度でしたが、週が明けて月曜にどっと風邪の症状。俺の場合、風邪をひくと気管支というか喉にくるん

すが、火曜日は仕事ということもあって、何とか会社に出て、仕事が終わったら即、帰宅。金曜日まで寝込んでいました。金曜日は会社でコスチュームを着ての撮影が入っていたのですが、何とか体調も戻ってきたかなという感じでした。試合じゃないのに、コスチュームを着るのって何気に面倒臭いよね。こ**のコスチューム撮影も昔は笑った顔なんてほとんどなかったけど、今は、怒っていないというか普通の顔とか、少し微笑んだ顔とか要求されるものが変わってきて、プロレスも良い方向に変わったのかなと思います**。ちなみにこの日は早朝に他の仕事も入っていて5時半起床でした(ノ´-`)。

　さて17、24日と月曜日のお休みが入り、3連休の方も多いと思います。夏休みが終わってからの3連休って嬉しいですよね。気候も8月よりは涼しいし、皆さん、いろいろ計画されているのでしょうか。でも休みって、前の日が一番楽しくて、最後の日は寂しいですよね。子どもの頃からそうだけど、休みの日は早く目が覚めてしまうのに、仕事の日は起きられないのはナゼ？ 時間を気にせずに眠れるのは嬉しいけど、休みを寝て終わらせるのは悔しいときもあるよね。というか……、もっと休み欲しーーー！ と思う今日この頃。っていつもじゃねーか！ とグチを言ったところでチン◎ス野郎からの質問に答えておきましょう。まぁ実際、青木がどれくらいのチン◎スがたまっているのかは俺にはわからないけれど。っていうか、"人生ってうまくいかないよね"ってそんな大ゲサなことじゃないだろう。そんな借りを試合で出されてもファンの皆さんにはわからないよ！ それにお前は無人島暮らしか？ どうせ洗うのなら頭じゃな

くて、チン◎スを洗った方がよかったんじゃないでしょうか。

　前置きはこの辺にしてとりあえず質問に答えておきましょう。程よい雨の日は嫌いじゃないけれど、俺らの仕事は何気に雨が影響するときもあるからね。やっぱり雨が降ると外出するのも億劫になるし。そこら辺が辛いところかな。そういえば小学校以来、長靴なんて履いていないなぁ。小学校でも低学年までだよね。ということは、かれこれ35年くらい、履いていないということかぁ。別に履きたいというわけじゃないのですが、子どもの長靴姿はカワイイけれど、大人は微妙だよね。今は女性用はブーツ兼用のお洒落なものもあるみたいだけど、男性は雨があがると困るだろうなぁ。仕事で履いている人はカッコイイけど、普通に通勤で履いていたら、雨があがったら格好悪いだろうなぁ。ところでズボンの裾は長靴の中に入れるものなの？

　……こんな感じでよろしいでしょうか？ チン◎ス野郎。
　でも一平の方がチン◎スは、たまっていると思うけどね。

　それではここで20代で胃カメラを飲んだ潮崎くんに質問です。9月といえば、そろそろ運動会の季節です。ていうか今は運動会が早いらしいね。今は夏前に終わるところがほとんどのようですが、僕らの頃は運動会と言えばやはり10月。ということで、潮崎への質問は「運動会の思い出」を教えてください。俺は普段は"小さい順"に並んでいたのが、運動会になると急に"大きい順"だったことが印象的かなぁ。あっ、小学校の1年生から

中3までリレーの選手だったよ。他にも中学校では部活対抗のリレーがあったりして、その種目のユニフォームで走るから、「はかま」で走る剣道部とか大変そうだったなぁ。あとはフォークダンスのときに、本当は好きな人と手をつなげるのが嬉しいのに、みんなわざと嫌がったりして、今思えば、あの初々しさはよかったね。

　いつの間にか長くなりました。まだ暑い日が続く……、あれ？ もしかして今日は涼しい？ と思いますが、この日記が出ているときに暑いか寒いかなんてそんなことは、僕にはわかりませんが、真夏に比べて寝やすくなっていることは確かだと思います。十分に睡眠をとって、仕事に、学業に励んでください。それではまた2週間後に、三沢でした。

2007・9・21

ち　あーっす。だいぶ涼しくなってきましたが、皆さん、風邪などひいていません？ 自分的にはだいぶ過ごしやすい気候になってきました。ギリで長袖（ながそで）にしようか半袖でも良いのかなと悩むところです。ぶっちゃけ、冬でもジャンパーを羽織っているときは下は半袖のシャツかTシャツの場合がほとんどの私にとって、半袖をしまうことはありません。

　さて先週は大阪でGHC戦がありました。観に来てくださったファンの皆さん、ありがとうございました。何とか防衛することができました。この日は、試合前にリング上で調印式を

行ったのですが、丸藤をいじっている方がいました。それを聞いた僕は「俺のときにやったら言い返してやろう」と思っていたのですが、俺のときは何も言わず、言い返せませんでした。他のお客さんが嫌な気持ちになるヤジは控えましょうね、皆さん。

　今回は珍しく大阪での単発大会ということで、いつもと違う精神状態で試合に臨みました。どこがどのように違うのかと言葉で表しにくいのですが、何気に良い緊張感で試合をしたかなと、思っています。次の日も連チャンでSEMを観に来てくださったファンの皆さん、ありがとうございました。私も試合はなかったのですが、会場に顔を出して、試合だけを見て東京へ帰りました。谷口と丸藤のシングルマッチがあったのですが、**「タイトル戦の翌日できついだろうな」と心の中で丸藤に「頑張れ」って言っている自分がいました。**2人とも目の上を切って、試合が終わってすぐに病院に行っていました。ケガはいくら注意しても避けられるものではないのですが……。

　それではここでシオからの質問に答えておきましょう。俺が初めて一人暮らしをしたのはメキシコから帰ってきてからだから21か22歳のときかな。まず最初に必要なものはやっぱり冷蔵庫と洗濯機だよね。今は洗濯機も高いけれど、俺のときは洗濯機はまだそんなに高くない時代だったけれど、ちょうど全自動洗濯機も出回り始めた頃だったなぁ。俺は全自動洗濯機が嫌いで2槽式にした。若い人は知らないかもしれないけれど、2槽式の方が、全体的に時間がかからなくて、早く洗濯が終わるし、いろいろ融通（ゆうづう）がきいたんだよ。ちなみに俺が初めて見た脱水機は製麺機（せいめんき）みたいなローラーで洗濯物の水分が絞られて出てきた

んだけど、漫画の"花田少年史"ではそのローラーにカエルが挟まっているシーンがあって、懐かしいなぁ、と思いながら読みました。そう考えると花田少年と俺は同い歳くらいなのかな。

　そんなことはどうでも良いけれど……、一人暮らしのアドバイスかぁ。同じ値段ならちょっと広いところのほうがよい。あとトイレと風呂は別々の方がよい。俺らの仕事はどうしても夜中に帰って洗濯をしないといけないことが多いから、夜でも洗濯をできる程度の防音は絶対必要だよね。あとレスラーの必需品、エアコンはもちろんだし、即効性を求めるのなら、扇風機もあったほうがよいかな。エアコンと扇風機を同時に動かすと効率よく冷えるからね。あとは安いからって一人暮らしなら小さくても良いかな、と冷蔵庫は小さくても良いような気がするけれど、これが大間違い。一人の方が一度に食べきれない食材がたまるし、ペットボトルの水も意外と場所をとるから、冷蔵庫は大きめのほうがよいかも。あとは夏場の生ゴミには注意が必要。夏場に忘れて1～2週間の巡業に出ると帰ってきたときに大変なことになっているから。自炊をするのなら、炊飯器も要注意。これもうっかり忘れて出かけるとビックリするような結果が待ってるから。電気の切り忘れにも十分注意した方がよい。でもこんなアレコレは実際に一人暮らしを始めて経験していくことなのかな。

　ちなみ俺が一人暮らしをしたのは当時の道場から近かった、祖師谷大蔵と二子玉川（東京以外の方にはわかりにくいかもしれませんが、両方とも世田谷の住宅地です）。一人暮らしでの失敗談はたくさんあるけれど、やっぱり家の電話の電話線を抜いたまま寝てしまって、イベントに遅刻したことかぁ。俺が来

ないから、会社の人が何度も家に電話をしたみたいだけれど、電話線を抜いて寝てるんだから気がつくはずもない。当時は携帯はもちろんだけど、家には留守番電話もなかったから、夜型の俺にとってはゆっくり寝るためには電話線を抜くしかなかったんだよね。そんなワケで一人だと誰も起こしてくれないから、寝坊には注意。携帯もマナーモードにしていると案外気がつかないものだしね。あとはさっきも書いたとおり、ひとつずつ経験して段々、効率よい一人暮らしになるのではないかな。

　ということで、この辺で次回の担当・平柳への質問。
　秋も本番だけど、お前にとっての秋って何？
　そうそう、最近のお前の試合、何気に面白くて好きだよ。

　大阪大会も終わったばかりですが、明後日から10月ツアーが始まります。今年のツアーも10月を含めてあと2回。良い形で一年を締めくくりたいと思います。お時間のある方、ぜひ応援にいらしてください。

　三沢でした。それではまた2週間後に。　　　　　2007・10・5

ち　ぁ〜す。
　いや〜、最近いくら寝ても眠いね。"秋眠 暁（あかつき）を覚えず"だね。オイオイ、それは春で"春眠"だよ。と軽く一人ボケツッコミをしたところで、2週間のごぶさたです。三沢です。

166

2007

　先日13日土曜日のディファ有明で、「キッズ・プロジェクト」のイベントが行われましたが、参加してくださった親子の皆さん、お疲れ様でした。意外と女の子も多く参加してくれていて、プロレスの怖いイメージもダイブなくなって来ているのかと、少し嬉しく思います。まあプロレスには怖さも必要なときもありますけど。

　全般的には、プロレスというものを通じて、子どもさんもこれから訪れるであろう、いろいろな人生の困難に、前向きに立ち向かっていける勇気など得てくれたら……、と思います。
　そう思う人が少しでも増えれば、今回の「STOPいじめキャンペーン」にちょっとは貢献できているのかと思います。

　"偉そうなことを語ってんじゃねえよ、三沢"と、とりあえず自分にツッコミを入れ、あの田上が相当呆れている、付き人の平柳の質問に答えてやるか。
　そうだなあ〜。俺が昔、忍者だった頃、仲間はみんなそんな言葉使ってたよ。中国人だった頃は、日本語使ってなかったから、よくわからないけど……。そういえば、俺が昔サイボーグだった頃、中国人の006はそんな言葉使ってたな。急に思い出したので、話は全然変わって、「キッズ・プロジェクト」のとき、漢字は

忘れたけど、"クソガキTシャツ"を着ていた子どもがいたけど、あのTシャツおもしろいよ。

　最後に来週の担当、伊藤への質問です。伊藤もレスラーになって地方もだいぶ行っただろうから、聞いてみようかな。今まで行った場所で一番好きなところは？

　それでは皆さん、どんどん寒くなってきますが、風邪などひかぬように気をつけてくださいね。また2週間後に。三沢でした。

2007・10・19

　ちあーっす。この日記が載るころには日本にはいない三沢です。
　今日、火曜日は"ノア・毎年恒例・インフルエンザ予防注射大会"が行われました。大会じゃねーよっという突っ込みを入れたいところですが、実際に選手・社員が全員出社して多少ビクビクしながら注射を受けている様子はやはり"大会"という感じです。それにそんな言い方でもして勢いをつけないとなかなか受けに行かないから……。それにしても、今年の注射が何気に今までで一番痛かったのは俺だけか?? 予防接種ってこんなに痛かったか？ **でもどんな場面でも注射が好きなやつなんていないよね**。歯の治療で口の中に打つ注射もイヤだけど、俺が今までで一番痛いと思った注射は、手術の前に受ける"筋肉注射"。手術を受けたことのある選手なら（もちろん選手以外の方もですが）、同調してもらえると思うけど、どうだろう？

さて先週土曜日は武道館での応援、ありがとうございました。タイトルを防衛して、ニューヨークで行われるKENTAとのシングルは、GHCヘビー級選手権となりました。日本に帰るまで気を弛められないと思いますが、頑張ります。KENTAとのシングルは"KENTA七番勝負"以来かな。確かディファで2004年の夏にやったんだよね。あの頃から、というよりも入門した当時から、気持ちが強くて、決して大きくはない体で精一杯頑張る姿勢が印象的な選手だった。俺自身もジュニアからヘビーに転向したから、ジュニアの選手の試合を見るのは昔から好きだったし、ジュニアの選手がヘビーを相手に闘うことの辛さもわかる。常に、自分に厳しく成長してきたKENTAだから、やっぱり今度の選手権もあの頃のKENTAとは雲泥の差があると思う。先シリーズ傷めた首とアバラはかなり厳しい状況ですが、ベルトを防衛できるように、気持ちを引き締めていきます。

　さて、ここで伊藤からの質問に答えたいと思います。
　が……、小中学生のTバック？？ 同世代ならともかく（←とも言えませんが……）、大人で、成人した男性が小中学生のTバックを見たがる気持ちが俺にはわからないね。ところでお前、なんでそんなの知ってるの？ 今、お前のブームは小中学生のTバックなの？ 変な方向に走らないでくれよ、伊藤。それにしても、本当にそれは、ダメでしょ、アカンでしょ、イカンでしょ……。
　ロリなら熟女の方が良いな、俺は。

最後に"超しんせい（←お好きな漢字に直してください）"一平への質問です。

　"自分が大人になったなぁ"と思ったときはいつ？ まぁ、お前はまだまだ全然大人になりきれていないけれど、そんな実感をしたことがあるのなら、どんな状況だったか教えてちょうだい。

　最初にも書きましたけれど、この日記を皆さんが読んでいる頃、僕はニューヨークに行っています。ニューヨークで試合を楽しみにしてくれている方々に、遠征する選手一同、ノアの試合をしっかり見せてきます。そして7度目となる防衛戦。挑戦者の成長を受け止めて防衛し、今年最後のツアーを迎えたいと思います。日本から応援してください。三沢でした。それでは行ってきます。また2週間後に〜ヾ(^–^)ゞ。　　　2007・11・2

ち　あーすっ。今回は何を書こうかな。やっぱりアメリカ遠征の話でもしやしょーか。

　11月1日から5日までアメリカ遠征に行ってきました。

　まず1日目。フィラデルフィアに入ったのですが、ホテルに着いたのが15時か16時くらいだったかな。チェックインしたときに最初に感じた印象は"ホテルの部屋が意外と広いな"でした。喫煙ルームでとっておいたはずだけれど、灰皿はなくて"あれ？ 禁煙なのかな"と思いながら、同行取材のマスコミ陣の到着を待って、映画『ロッキー』の撮影で使われた場所へ行きまし

た。"ロッキーが階段を上ってウォー"ってやったあの有名な場所です。**言っておくけど、生肉は叩いていないし、生卵は飲んでないよ。**"エイドリアーンって叫ばなかったの?"と思われた方もいらっしゃるかと思いますが、残念。取材のマスコミの方にも言われましたが、あれはリングの上ですからっと突っ込んでおきました。

　映画といえば、行きの飛行機の中で『ダイハード』と『トランスフォーマー』を途中まで観ました。『トランスフォーマー』は途中で寝てしまったのですが、決してつまらないからではなくて、単純に眠かったからです。行きは映画を1本半観て、なんだかんだで着いたね。で、話を戻して……『ロッキー』のロケ地は名所(?)なのかなぁ。ちょっと疑問。たしかに映画好きだから"行ったよ"と自慢はできるけどね。でも札幌の時計台ほどのショックはなかったな。

　そして次の日はホテルを17時半くらいに出て会場入り。試合の模様はサイトをご覧になっていただければわかると思うので割愛させていただいて、3日目。ニューヨークへ移動です。小型ジェット機というのでしょうか。座席が2列と1列の合計3列しかない飛行機で"これは落ちたら全員死ぬな"と思いながら乗っていました。ところが乗るまでが一苦労。風が強くて飛行機が遅延。朝飯にハンバーガーを1個食べただけで、イスで寝てたのですが……、かなり待たされました。結局ホテルにチェック

インしたのが17時くらい。朝早かったから2時間くらいしか寝ていないのですが、19時半に会場入り。会場には森嶋や丸藤の日記に書いてあった通りニコラス・ケイジさんが来ていました。社長は写真を一緒に撮らなくて良いですか？ とスタッフに言われて、俺はいいや、と断ったのですが……。森嶋は試合中で、写真を撮れずに悔しがっていました。かわいそうな森嶋。

　試合が終わってニューヨークの会場を出たのが午前1時半くらいでホテルに戻ったのが2時だったかな。ホテルの1階にある24時間営業のレストランで無難にチキンを食べて（俺はチキンじゃないけど）、次の日は9時集合。はっきり言ってかなり慌しい遠征です。

　9時集合だったから1時間前に起きれば十分なんだけど、7時に目覚ましが鳴り、起きるはめに。どうやら前の人がセットしていったままになっていたんだけど、それから寝るのも何だし、しょうがないから起きていたら、なぜか集合1時間前の8時少し前にスタッフが部屋の扉をノック。
「何時だ？」と聞いたら「10分前です」と返ってきたので、急いでシャワーを浴びて、ロビーに降りたら全員集まっている。"あれ？"と思ったら、すかさず龍さんが「すみません、1時間間違えました」と一言。なんでもその日の夜中がちょうど、サマータイムとの切り替えだったらしいのですが……、日本人にはわかりづらい感覚だよね。逆に1時間早くなったからよかったけど、それでもその日に試合があったらちょっと切れてたかも。サマータイムは暖かい州ではないみたいだけど、アメリカ人は同じ国内でも時差があって、さらにサマータイムがあるところとないところがあって、よく混乱しないなぁ（ちなみに、目覚ま

し時計が鳴った時点で、俺はすぐテレビをつけて時間のチェックはしていたけどね)。

　そして帰りは成田まで直行便。機内食は1食しか出なくて、あとは好きなメニューを頼める仕組みでした。左側の隣の人はとんこつラーメンを食べていて、俺も食べたかったけれど、"真似をした"と思われるような気がして、結局頼まないまま。ちなみに反対側の隣もとんこつラーメンを注文。この2人がトラブルが報道されていた頃の"t.A.T.u"っぽい雰囲気で、最後まで俺は右側を見なかったね。帰りももちろん飛行機のお楽しみ、映画は堪能。『トランスフォーマー』の続きと『幸せのレシピ』と『レミーのおいしいレストラン』と『Life 天国で君に逢えたら』の4本。4本観たらさすがに疲れて成田に到着。ざっと振り返りましたが、こんな感じで3泊5日の遠征に行ってきました。忙しいスケジュールでしたが、良い経験をしたと思います。ROHの皆さん、ニューヨークとフィラデルフィアで応援してくださったファンの方々、ありがとうございました(←この日記を読むことはないと思いますが……)。

　さて、それではくされチン◎の質問に答えたいと思います。"答えたら終わりかよ"と思う方もいらっしゃると思いますがその通り、そろそろ終わりです。

　"今までで一番おいしかったお酒は?"という質問だったと思いますが……。まだまだ青いね。君は。**みんなで楽しく飲めばどんな酒でもおいしいんだよ**。酒の味もわからないくせにそんな質問してくんじゃねーよ(-へ-*)。そういえば一平とお酒といえば、岡山だったかな。俺が焼酎の"八重丸"を"ハチジュウ

マル"って頼んだら、一平は"ヤジュウマルですね"って返したからね。本人は社長に恥をかかせたらいけないって思ったらしいけど、普通"ヤジュウマル"とは読まないよねぇ。せいぜい間違えるとしても"ハチジュウマル"だと思うんだけどなぁ。もちろん"ヤエマル"ってわかっていて、言っているんだから、そこは一平が"社長「ヤエマル」です"って突っ込んで初めて成立する会話だったんだけどなぁ。まぁ、いいや……。

　最後に最近、裸体を見ていない谷口への質問です。
　クリスマスが近いけれど、クリスマスにデートで行くのならどこへ行きたい？
　これで君のセンスが問われるかな♪

　今年最後のツアーが開幕したばかりです。今年一年を良い形で締めくくれるように選手、スタッフ精一杯努めます。応援、よろしくお願いいたします。
　三沢でした。また2週間後に。　　　　　　　　　　2007・11・16

ち

あーっす。
　飲み屋のトイレでエッチなことをしようとしていた三沢です。
あっ、それは俺じゃなかった(((ﾟ-ﾟ)))。
その後、ピンコダチをしていた三沢です。
あっ、それも俺じゃなかった(((ﾟ∀ﾟ)))。
人より皮が多い三沢です。

あっ、それもまた俺じゃなかった(゜-゜☆。

　今回のナビは北海道シリーズがありました。北海道へ行くのは移動が長くても嫌いじゃないけれど、11月中では記録的な雪が降った今回はきつかったなぁ。まず青森のホテルを朝6時15分に出発して函館へ着いたのが11時過ぎ。それから大雪の中を走って、旭川のホテルに着いたのが夜の9時を回っていたから移動で15時間! かかったなぁ。そうそう食事はフェリー乗り場で済ませたんだけど、フェリー乗り場の食堂って昔から24時間やってるんだよね。という豆知識は置いておいて。
　翌日は浜頓別(はまとんべつ)の試合が終わってから札幌のホテルに帰ってきたのが夜の12時。これだけ聞くと「意外と早いんじゃない?」って思う方もいらっしゃるかもしれませんが、試合が夕方の4時からだから、全然早くない……。窓の外は一面の雪でもちろん人も歩いていない中でのバスの旅でした。今回の北海道は試合と言うよりは、移動で疲れてしまった感じかなぁ。でもそんな悪天候の中、会場に応援に来てくださった皆さん、ありがとうございました。札幌で行われたジュニアタッグの試合は鼓太郎もリッキーも、リッキーのケガという大変な状況の中、頑張っていたけれど、ベルトが他団体へ移動しました。2人だけではなく、ジュニアの選手がこの結果に奮起してくれるのを期待しています。

　さてこの辺で周平の理想のクリスマス話へ行きますか。
　遊園地ねー。俺、個人的には遊園地って大好きだけど、この歳で遊園地ではしゃいでいるのも恥ずかしいかなと思って、

ちょっと行けないかなぁ。よく「三沢さん、絶叫マシーン大丈夫ですか?」って聞かれるけれど、俺は絶叫マシーン大好きです。絶叫マシーンで高いところから落ちる瞬間に股間がムズムズするのが楽しいんだよね(言っておきますが、トップロープから飛んでも全然ムズムズしないので、念のため。←いないとは思うけれど、もしかしたら思った方がいるかもしれないので)。

　でも周平は"遊園地でロマンチックなクリスマス"かぁ。**子どもが楽しむ場所でロマンチックを求めてはいけないと思うけどな。**

　ということで(?)周平からの質問に答えて、好きなクリスマスソングは、浜田省吾さんの"MIDNIGHT FLIGHT─ひとりぼっちのクリスマス・イブ─"です。基本的に浜田省吾さんの曲はみんな好きです(俺は昔からだからっ! ←他の選手の日記をご覧の方々はこの意味をわかってもらえると思います)。この歌はクリスマスの歌だけど、ハッピーエンドではなくて悲しい歌なんだよね。まぁ人間は辛い思いをして、勉強して、新しい恋に出会って、"悲しい思いをもうしたくない"というところから幸せになっていけるんじゃないでしょうか(でも人生はそんなに甘くないよっ)。クリスマスイブとイブイブは試合だし、クリスマス前後はやっぱりどこも混むから、年末年始で落ち着いた頃にデートをしたら良いのではないでしょうか。相手がいればだけど……。今年も一緒に飲んでいるような予感がするけれど……。

　最後に、最近、毛根(もうこん)にとても悪そうな髪型をしている青木ですが、年末年始は毎年どうやって過ごしていますか? 今年はど

んな予定？教えてちょうだいな。

　というわけで、今年最後の武道館が迫ってきています。
　復帰戦を迎える小橋はもちろん、他の選手も一同、心して試合に臨みたいと思います。
　応援、よろしくお願いいたします。
　三沢でした。今回はこの辺で。また2週間後にヾ(^-^)ゞ。

2007・11・30

ち　あーっす！
　　男色ディーノにキスされてピンコだちしていた三沢です。
　……あ、それも俺じゃないや。2週間前のネタを引っ張ってしまいました。おわかりにならない方は11月30日付の日記をご参照ください(^^ヽ。
　それにしても、あそこがたつときは何で「立つ」ではなくて「勃つ」って書くのかな？不思議だなと思う三沢です。
　前置きはこの辺までにして、12月2日の武道館、小橋の復帰戦に多くのファンの方が来てくださいました。ありがとうございます。……ところで、当日の入場時はあの倍くらい時間がかかると思っていたけれど、予想外にすんなり入ってくれて、意外な小橋君でした。**本人にとってもたくさんのファンの方の声援を受け、これからの活力になったと思います。本人に代わって御礼申し上げます。**
　俺自身も試合が終わってそろそろ10日がたつにもかかわら

ず、フィニッシュで小橋の頭が直撃した脇腹をはじめ、体のあちこち痛みが残って、復帰戦だったんだなぁと改めて再確認です。あれ？　今回はマジメに終わってしまいそうで、自分の中で"真面目バージョンかよ！"という声が聞こえています。だからと言うわけではないけれど、ちょっと気になったネタ。騒動が終わってから知ったのだけれど、先週末はサモ・ハン・キンポーさんが亡くなったという話題で香港中が騒然としていたらしい。サモ・ハン・キンポーさん好きなんだよね。動けるデブって観ていて面白いから大好きなんだけど、そんなレベルを超えたアクションだし。誤報だったみたいでよかった。そのニュースの中で"親友のジャッキー・チェンが仕事先の東京から電話をかけてきた"って一言があったんだけど、ジャッキー・チェンが東京にいたんだ。近いから頻繁に来ているのかもしれないけれど、ジャッキー好きとしてはこれもまた嬉しくなる話だなぁ。

　さて唐突ですが、この辺で青木の日記話に行きたいと思います。

　吹雪（ふぶき）の中での野糞、やるねー、お前!!　雪が溶ける頃には乾燥して白くなるけれど、それが地球に優しいかどうかは俺にはわからない^△^;。ちゃんとケツは拭いたのかな？　雪でケツを洗っていたら大したもんだなぁ。それにしても一人で初日の出を見るのって悲しいものがあるよね。

　青木からの質問は"お正月の楽しみ"かぁ。何だろう？　子どもの頃はやっぱりお年玉が嬉しかったけれど、今はあげる方だからそんな楽しみもなく、紅白もそんなに……、だし……（スミマセン）一番良いのは都内に人がいなくなるってことかな。渋滞もあんまりないし。ウィル・スミスの映画みたいに本当に一

人になったらきっと寂しいだろうけど。あ、あの映画って確か夜になると何かに襲われるんだよね？ 昔、似たような映画を観たことがあるような気がするんだけどなぁ。その映画は確かミュータントに襲われてしまう内容だったはず。覚えている方、いるかなぁ。今度のもウィル・スミスの映画だから観たいけれど、どうして人類が一人になっているのかっていう設定がポイントだよね。話がそれてしまいました。お正月はやっぱり人が少なくてのんびり気分になるのが楽しみかな。どこが違うというわけではないけれど、なんとなく解放感のある中で飲むのがよいんだよね。

　お正月の話が先で話が前後してしまったけれど、ここでクリスマスの話題に。もうすぐクリスマスということでシオへの質問です。もしも"彼女"がいたとして、理想のクリスマスを想像して書いてみて。

　それでは皆さん、今年もあと1回、この日記でお会いします。それまでご機嫌ようヾ(~∀)ゞ。　　　　　　　　　2007・12・14

ちあーっす。ノアの2007年は24日のディファ有明大会をもって全日程を終了いたしました。今年一年も応援ありがとうございました。三沢です。

　過ぎてみればあっという間の一年ですが、思い起こせば、やはりいろいろとあった一年でした。まぁ、そのいろいろとは全部は書ききれませんでしたが、俺だけではなく他の選手の日記も含めて、バックナンバーを読んでいただければある程度は楽しんでいただけると思います。このサイトをご贔屓(ひいき)にしてくだ

さっている皆さん、来年もよろしくお願いいたします。

　早速ですが、今回はここでシオからの質問に答えたいと思います。
"今年の3大ニュース"かぁ……。順不同で良いのかな？
　まずは、今年一年GHCを防衛できたこと。いろいろな選手と防衛戦をやりましたが、ニューヨークでのKENTA戦は私の中でも心に残る試合のひとつでした。まさか海外でGHC戦ができるようになるとは。GHCを作った当初はもちろん目標のひとつにあったので、実現に向けて頑張ってきましたが、かなえることができて嬉しく思っています。
　そして2つ目はやはり、小橋の復帰戦。武道館で応援してくださった皆さん、会場に足を運べなかったけれど応援してくださった皆さん、ありがとうございました。そして手前味噌ながら、小橋の欠場中にさらに頑張った選手にも、僕から大きな拍手を送りたいと思います（私には拍手は要りません……）。また欠場中も変わらず応援をしてくださった皆様にも御礼申し上げます。欠場中もそして今も、小橋には大きなプレッシャーがあると思います。**そのプレッシャーを代わってあげることはできませんが、小橋が安心して帰ってこられたのもまた、日々の試合を頑張った選手とそれを支えてくださったファンの方々がいてこそのものです。**小橋の復帰と前後して、リッキー、橋、杉浦、力皇と4名の選手が欠場しています。4人の試合を楽しみにされているファンの方々にはご迷惑をおかけしますが、欠場中の選手も、1日も早く戻れるようにそれぞれ努力を続けています。引き続きご理解とそしてご声援をお願いいたします。

さて……3つ目のニュースはそれはやっぱり"一平のブレイク"でしょう。
　一平については、他の選手の日記の中でもあまりにいじられているので、皆さんちょっと半信半疑の部分もあるかと思いますが……。はっきり言って、あの話はほとんどノンフィクションです！ というより、みんなかなり遠慮して書いています。本物はもっとすごいです（"すごい"という表現が適当かどうかはわかりませんが……）。そしてその一平が……。最後の最後、23日のSEMでやっちゃいました。試合の流れはサイトの中を読んでいただければと思いますが、ここではその前後の話を。SEMの試合で俺の得意な動きを真似して失敗してしまったのだけど、初めて見た方はああいう技だと思うだろうね……。本来はトペのフェイントをして、ロープで1回転してエプロンに立って、リングに後転して戻るという動きなんだけど、肩をひねるときにちょっと負担がかかるから、何年か前に肩を痛めてからやらなくなっていて、今回はSEMの何カ月か前に「やれるなら使えよ」と一平に言ったんだよ。そしたら彼はあの日のために数カ月、密かに練習していたらしい。そして見事に失敗（◎◎;）。見た方はおわかりでしょうが、とても中途半端な形になってしまいました。で、何がおかしかったかと言うと、リングに戻った一平が試合中なのに"素"の顔に戻って「やっちゃいました（゜O゜;）」って目でエプロンにいる俺を見るんだよね。その顔を見たら、俺も笑いをこらえきれなくて、最初はププッて程度に笑ってごまかそうと思ったんだけど、いつの間にか爆笑になっちゃって……。あれで一平はシリアス路線を目指しているらしいから、本当に不思議だよなぁ……。まぁ年末に和めて

よかったけれど。翌24日のクリスマスイブ興行もやっぱり一平いじりは続きました。鼓太郎は天才だねっ!………一平の物真似に関しては………。シューズが自分のだったのは残念だけど、一平本人が自分の真似(?)をするよりうまかったからね。

　ゆっくり思い起こせばもっとあるのかもしれませんが、今すぐに思いついた3大ニュースはこんな感じでした。暮れの飲み会であった面白いことは、可能な範囲で来年の日記で書いていきます。

　次回担当・平柳への質問は……。新年らしく、2008年の目標は何? 教えて。で行きたいと思います。

　そんなこんなで(?)今年一年が終わろうとしています。
　毎日、様々な選択に悩みながら、いつの間にか終わった感がありますが、この必死の日々の積み重ねが何よりも大切なものなのでしょう。来年もまた一年が充実したものとなるよう、一日一日を大切にして行きたいと思います。
　皆さんにとってはどのような一年だったでしょうか? 2008年が皆様にとってよき年でありますように。

　最後になりましたが、今年一年のご声援、本当にありがとうございました。
　2008年もプロレスリング・ノア、選手＆スタッフ一同、皆様に楽しんでいただけるよう努めます。よろしくお願いいたしますm(＿ ＿)m。

三沢でした。
それではまた来年(^O^)ノ。

2007・12・28

2008

あけましておめでとうございます。
　今年も変わらぬご声援のほどよろしくお願いいたします。

　ちあーっす、三沢です。
　暮れからお正月にかけて皆さんゆっくり過ごせたでしょうか。
　俺は忘年会や新年会でいつも以上に、忙しく過ごしたような気がします。まぁ、基本的にはお酒やお酒の場は嫌いじゃないからいいんだけど、続くとやっぱり辛いね。年末年始を無事に乗り切って(?)今は、"胃と肝臓君、ありがとう"って感じだね(´･･)＞。まぁ、俺も"いつまでも調子に乗ってんじゃねぇよっ"て年齢だしね。

　と反省しつつ、平柳 努改め、平柳玄藩からの質問に行きたいと思います。
　昨年一年を漢字1文字で表すかぁ……。うーん、「絆」かな。
　2007年を象徴するというよりも、**去年は「絆」の重みを深く感じることが多くあった一年でした。**この歳になると、仕事がうまくいかなくなってしまったり、病気になったりと、様々な理由から連絡が取れなくなる人がいます。縁を大切にしていきたいと思う反面、逆にこちらからその縁を切ろうとする場面があったり……。いずれにしても縁を大切にしていきたいと、思うからこそ、昨年一年を表す漢字は「絆」です。

　さて年明けから少々重苦しい話になってしまったので、年始

にTake2の深沢さんと、対談したときの写真を。インターネットで放送される番組の収録でした。楽しい時間を過ごさせていただき、深沢さん、関係者の皆さん、どうもありがとうございます。対談は2月1日から http://www.dream-bang.jp/ でお楽しみください。

　最後に次回の担当・伊藤への質問。年始だからオーソドックスに。
「今年、やりたいと思うことは何?」。公私問わず、下ネタも可で、お願い。

　それでは皆さん、2008年もノア一同、精一杯頑張ります。
　今年も応援、よろしくお願いいたします。
　三沢でした。また2週間後に。　　　　　　　　　　　2008・1・11

　　あーっす、急に寒くなりましたが、皆さん風邪などひかれていませんか? これくらい寒いと、冬らしくて良いなぁと思っている三沢です。2008年、最初のナビも無事に終わりました。応援に来てくださった皆さん、ありがとうございます。

　さて今回は最近ちょっと気になったスポーツの話題から。

今年がオリンピックイヤーということもあるのでしょうが、去年からスポーツが皆さんの関心を集めることが多くなってきたような気がします。そしてそのほとんどが、あまり明るくない話題で占められているのがとても残念です。今回もレスリングの吉田沙保里選手の判定負けは、やはり気になりました。俺がレスリングをやっていた頃から比べると、ルールも判定基準もずいぶんと変わっているようですが、**純粋に頑張っている選手が不本意な形で負ける姿は見ていて辛いものがあります。**俺が日本人だから、という贔屓目（という表現が的確かはわかりませんが）もあるとは思いますし、他の国の選手も同じような経験をしているのかもしれない。自分がもし対戦相手側で、その競技について深く考えていなければ、結果だけをもって喜んでいたかもしれない。と考えは尽きませんが、いずれにしても、互いが平等に同じ条件の下で競い合わなければスポーツとは言えないのではないでしょうか。それほどスポーツに興味がなくても、柔道、浜口さんの娘さん、ハンドボール、そして今回の吉田選手、と続くと逆風を感じる方もいらっしゃるのでは、と思います。

　と少し固い話になりましたが、ハンドボールといえば、昔から"きついよなぁ"とは思っていたのですが、以前実際にハンドボールの選手だった方から"走る+飛ぶ+投げるで本当にきつい"と聞いて、"やっぱり"と思っていました。ということを踏まえて、ある日の会話を再現します。
（俺）「ハンドボールもきついだろうけど、それを水の中でやる水球ってどれだけきついんだろうなぁ」
（一平）「え！？　水球ってなんですか？」

2008

　……(-○-;)。皆さん信じられますか？　一平は水球を知らなかったんです。小学生とか女性ならわかるけれど（ちなみに"ある日"というより"ついさっき"の会話なんですが)、あいつは、ついさっきまで、水球を知らなかったんですよ。まぁ本人に言わせると"水球という競技があるのは知っていたけれど、どんなものか、ということまで考えなかっただけ"だそうですが……。もちろん俺も詳しいルールまでは理解していないけれど、一平よりは知っていたと思います。あっ、ところで水球は女性もあるのでしょうか……？

　と今回もまた一平ネタで終わってしまいそうなので、伊藤からの質問に答えたいと思います。
　今年やりたいことかぁ。うーん。寝たい。冬眠に入りたい。1日でも多く二度寝をしたい（´0｀)。ダメ!?　うーん、正直な答えなんだけど、これでは締まらないので……。本当にやりたいことは今年こそ「M78星雲」に帰ろうかな。ウルトラ兄弟たちは元気でいるのだろうか。あ、ちなみにレオとアストラはM78星雲の出身ではないから。お間違えなく。なんて書くと、また鼓太郎みたいなオタクだと思われてしまうかもしれないけれど、俺は今回のヤッターマン復活にも実写版公開にも"しょうがないんじゃない"って程度の思い入れなので、決してアニメオタクではありません。というより本当は、俺たちの時代はタツノコといえば、元祖タイムボカン、キャシャーンやガッチャマン、少し色合いは違うけれどハッチとかの世代だから、ヤッターマンに入れ込んでいないだけなんだけどね。
　機会があれば、新ヤッターマンも見てみたいとは思ってい

ます。

　ここで次回の担当・一平への質問。年末年始は何をしていたの? おせーて (^-^)。

　最後になりましたが次回のツアー最終戦の3月2日武道館で森嶋の挑戦を受けることが正式に決まりました。森嶋とは試合をするたびに確実に大きく成長をしていることを痛感させられます。開幕までまだ少し時間がありますが、一日一日を大切にして武道館では森嶋と向かい合いたいと思います。
　東京でも少しですが雪が積もり、これから数日が一年で一番寒さの厳しい季節となりますが、皆さん風邪などひかれないようにしてください。三沢でした。それではまた再来週。

2008・1・25

　ちあーっす。1月も終わり2月に入り、とっくの昔に正月気分ではなくなっている三沢です。
　皆さんの中で正月っていつまででしょう? 三が日? 松の内? それとも旧正月まで? 松の内といえば、元来は15日までだったらしいけれど、やっぱり7日の方がしっくりくるなぁ。それくらいから世間の方々も仕事に向けて本格的に重い腰をあげる感じだし……。あっ、でもお年玉は1月いっぱいくらいまではねだってよいと思うよ。子ども限定 (=小学生まで) だけどね。あげる側にとっては金額に気をつかったり、それでなくても何かと物入りな正月だから結構大変だけど、子どもにとって

は、直接お金をもらうってなんともいえないドキドキだからね。でも今の時代はお年玉ってどれくらいの金額なんだろう？親戚や近所の人同士で相場を決めるパターン（？）も多いみたいだけど、子どもって何気に"誰々さんからはいくら"って覚えているもんなんだよね。俺が子どもの頃が近くに親戚がいなくて、もらえるアテが少なかったから余計にはっきり覚えていたなぁ。でも今と違って、お正月に開いているお店なんてなかったから、使う楽しみもおあずけでした。今みたいにコンビニでも開いていれば、お菓子を自分のお金で買いに行くって楽しみもあったけどね。

　最近は見かけないというか、広い場所がないから無理なのかもしれないけれど、昔はお正月の遊びといえば男子は凧揚げが定番。それも俺たちの時代は"ゲイラカイト"の全盛期！　きっと納得してもらえるお父さんたちも多いと思います。目の模様が印象的だったなぁ。とにかくあっという間に高くあがってしまって、で、すげー高くなると意外と力が要るんだよね。糸が切れちゃう友だちも何人もいたりして。懐かしいなぁ。

　で、前置きが長くなってしまいましたが、何で今さらお正月の話かというと、2月に入っているというのに先週の日記の中で年始の挨拶をしていたのが一人いたなぁと思った次第。興味のある方はバックナンバーをご覧ください。

　話は全く変わりますが、1月の後半、急に嘔吐と下痢に襲われました。そしてその後に腹痛と胃痛。いやぁ胃痛が24時間続くときついね。胃がキリキリキリキリキリーーー。同時にお腹もキリキリキリキリーーーーー。何年か前に牡蠣にあたったとき以来だね。リバースand下痢で約2日間、何も食べられませ

んでした（食事中の方スミマセン）。合宿所で何人か風邪をひいていたみたいだし、胃腸炎かなぁ。熱は出なかったんだよなぁ……。皆さんも気をつけてくださいね、当たり前のことだけど最低限、うがいと手洗いはこまめにすることをオススメします。

　さてここで一句。「強烈な下痢」とかけて、「赤いモビルスーツ」ととく。

　その心は……。「シャア専用」……お粗末っ（´O`;川）。

　そしてここで一平からの質問に答えたいと思いますがその前に。いやぁ君はつまらない年末年始を送っていたんだねぇ。本当は何をしていたのか僕は知っているけれど、君がそういうのならば、そういうことにしておいてあげよう（~-☆）……"もう少しで終わるから待っててね"だよね♪何しろ。←少し内輪ネタが入ってしまいスミマセン。

　"一番落ち着くなあってとき"かぁ。何か最近"落ち着くとき"って表現をあまり聞かないような……。最近よく聞く表現だと"癒しのとき"ってことなのかな？"落ち着く"にこだわるのであれば仕事に遅刻しそうになったり、**仕事でイライラした夢を見たときに目が覚めて"夢だったんだ"と思う瞬間が一番ほっとするけれど……**。きっと一平の求めているのはこういう答えではないだろうから……。一番癒されるときということで言えば、次の日に何も予定がなくて寝床に入って横になってゲームをするときか、家でDVDで映画を観ているときってとこでしょーかね。一平君の場合は◎◎◎◎◎◎◎◎しているときでしょうか。

　最後にドMの周平君に質問します。周平君の名前の意味を教

えて。タブン小学校の頃とか親御さんに聞いてくるような宿題があったと思うから、それを思い出すか、思い出せなかったら親御さんに聞いてちょんまげ。全然ドMに関係ないじゃんっ！しかも今頃"ちょんまげ"かよっという突っ込みは置いておいて、暦の上では立春を過ぎ、受験生の皆さんはラストスパートの時期だと思います。希望校に入れるよう、体調に気をつけて頑張ってください。～～～"猛勉強"とかけて"オ◎◎ー"ととく。その心は「一生懸命かけっ！」。三沢でしたヽ(-_-;)ノ。それではまた2週間後に！

2008・2・8

ちあーっ、ただ今ナビ中。花粉症のある方はそろそろなんで気をつけてください、三沢です。ちなみに僕は今のところ、花粉症はありません（しつこいようですが）三沢です。

　先週金曜日から開幕したナビですが、今回は少し短めで約2週間の日程です。最終戦ではGHC戦が控えているので、頑張りたいと思います。

　ナビといえば、今回参戦しているブリスコブラザーズ、どちらがどちらかわかりますか？簡単な見分け方として前歯が抜けている方が弟でマーク・ブリスコ、そうでない方がお兄さんでジェイ・ブリスコです。他には入れ墨で見分ける方法もあるらしいのですが、動いているとよくわかりません。といいつつ、前歯で見分けるのも口を閉じているとわからないのですが……(--)。

　そんなこと気にしていないかとは思いますが、皆さんどうで

しょう？2月と言えば一年中で一番寒い時期。今年は東京でも何度か雪が積もりました。前回の日記でも書きましたが、受験生の方は寒さ対策だけではなく、雪による交通機関への影響も心配しなければいけないので、本当に大変だと思います。また車をお仕事に使っている方も心配が尽きないのではないのでしょうか。ノアのナビもこの時期の武道館大会は天候が荒れることが多いような気がします。武道館に限らず、寒い中会場に足を運んでくださった方々が"来てよかった"と思える試合であるように、選手・スタッフ一同努めていますので、短いツアーですが、応援にいらしていただければと思います。

　さてツアー開幕2戦目、17日の名古屋大会の日は同じ日に東京マラソンが開催されました。この日記を読んでいる方で参加された方、完走された方はいるのでしょうか？東京の地理に詳しい方ならお気づきかと思いますが、今回のコースは都庁を出発して、ビッグサイトがゴールでした。そしてビッグサイトといえば、そうノア道場＆事務所の目と鼻の先。僕たちは交通規制にかからないように、早めに出発してしまったので、ランナーを直接見ることはできなかったのですが、会社の横の道がコースになっていて、翌日のニュースでは、"ゴール直前の様子"として随分と映し出されていました。普段見慣れた景色がテレビに映るのは何だか不思議な感覚です。完走された方は大きな経験をされたことと思います。おめでとうございます。

　さてここで周平からの質問に答えたいと思います。とその前に"周平"の名前の意味、本当にお母さんに電話をして聞いてくれたとは。それにしても良い名前だなぁ。たしかに名前の通り、周平は周りを平和にする雰囲気を持っているよね(^^)。これか

らも、平和から一歩進んで、僕を含めて周りの人を幸せにしてください。でも個人的にはそのパーマは似合ってないよ……。まぁ、本人がよければいいけれど……。

　さて"飲みに行って頼むもの"かぁ。基本的に俺の場合は、いきなり飲みに行くのではなくて、1軒目は食事を兼ねて行くことが多いから、何を食べるかによって変わってくるなぁ。だいたい焼肉屋か居酒屋か寿司だけど。焼肉ならレバ刺し、ユッケ、センマイ刺しのどれかは必ず頼んで、居酒屋なら無難に塩辛とか。寿司なら腹が減ってたら何か適当に握ってもらって、そうでなければ刺身をお任せでって感じかなぁ。何だか痛風の人にとってはよくないものばかりが並んでいるけれど、尿酸値は人並みだったのでご安心ください。これでは、周平の望む答えにはなっていないと思うけれど、答えとしてはこんな感じかな。周平定番の"子袋ポン酢"は微妙なところ。基本的に匂いの強いものは好きではないので、安心できるお店なら頼むかなぁ……。

　と答えがまとまらないまま、次回の担当・青木への質問。「ぶっちゃけ、周平とかぶるけど、それでいいのか!? その髪型! それでずっといくつもり!? ヾ(~ー~;)」。まぁ俺だけではなく、気になっているファンの方もいらっしゃると思うので、回答よろしく。

　さて先にも触れましたが、今回のナビは最終戦で森嶋とのGHC戦が控えています。自分自身にとっても大きな関門だと思います。皆さんの声援を力に頑張ります。応援よろしくお願いいたします。三沢でした。また2週間後に。　　2008・2・22

ちあーっす!!三沢です。

アイテテテテテ。首がいてーーーっ。いやぁ、まいったね。首が動かないよ(T^T;)。

3・2武道館、応援してくださったファンの皆様、ありがとうございました。応援には応えられませんでしたが、またコンディションを整えて頑張りたいと思います。

試合後に救急車で運ばれたため、心配してくださっている方もいらっしゃると思いますので軽く説明させていただきます。病院では脳のCTと頸椎(けいつい)のレントゲンを撮りました。検査結果は脳に異常はありませんでした。頸椎は捻挫(ねんざ)ということでしたが、これは"いつものこと"だし……。むち打ちになったことのある方は想像できるかと思うけど、**普通の(?)むち打ちの10倍は痛いですからっ。何しろ普通に歯が磨けない、頭洗えない……ナドナド大変なことだらけです。**「歯が磨けない? 頭が洗えない? 何で?」と思いますよね。歯を磨くと頭が動くでしょ? 痛みがものすごく大きく響くから、片手で頭を押さえながらでないと歯を磨けなくて、頭も同じ。片手で押さえないと痛くて洗えない状態。だからといって一平みたいに歯を磨かない、頭を洗わないというわけにはいかないから、不自由な思いをしながら、何とか頑張っています(まぁ、一平がどれくらいの頻度で歯を磨いて頭を洗っているのかなんて、実際には知らないんだけど)。

試合が終わった今、森嶋には嫌味じゃなく心から「おめでと

う」と言いたいです。そしてこのオフは今後の厳しい闘いに向けてゆっくり休んでほしいと思います。森嶋はデビューからちょうど10年で初めてのGHCシングルかぁ。今となっては俺自身は、自分が初めてシングルのチャンピオンになったのは「いつ」という日付よりも、あのときの嬉しかった気持ちの強さの方が印象に強いな。もちろん、今のように勝った喜びと同時にチャンピオンの責任の重さで憂鬱になるようなことはなくて、最初はやっぱり嬉しくてたまらなかった。そのうち、防衛戦を繰り返していくうちに、ベルトを獲ることよりも、防衛をしていくことの大変さに気づくと、そこからまた新たな闘いが始まって……。森嶋には、同じ選手としては表立って応援できないし、陰ながらになってしまうけれど……、応援しているよ。

　さて重い話題が続いたのでここら辺で青木からの質問に答えたいと思います。
「アイスは何味がお好みですか？」という質問だけど、これは「アイスクリーム限定」でシャーベットやカキ氷は含まれないってこと？ 味と言っても、俺らが子どもの時代は今みたいにサーティーワンやハーゲンダッツがあったわけではないから、バニラ、チョコ、イチゴ程度の本当に限られた種類しかなかったよね。レディボーデンも高くて買ってもらえなかったからなぁ……。その頃の影響かもしれないけれど、やっぱり基本はバニラ。その中でも何が好きかと聞かれたら、バニラ味が濃いよりも、北海道のドライブインで売っているような"ミルク味"の濃いのがいいかな。ハーゲンダッツなら「バニラ」よりも「リッチミルク」と言えばわかってもらえるかなぁ。

それにしても今のアイスは昔に比べると格段に贅沢な味がするよね。俺らがガキの頃は、ビニールに入って2つにポキッって折る「チュウチュウ」とかビニールに入った杏の蜜煮を凍らせただけの物を駄菓子屋でひとつだけ買ったりしたからなぁ。あの頃はそれで十分だったけれど、あれって今考えると少なくとも「アイス」ではないよなぁ。

　あとアイスといえば「たまごアイス」。ある程度の年齢の方には懐かしいですよね？　なんとも言えないバニラ風味のアイスが風船に入っていて、口を止める輪ゴムがなかなか取れなくて苦労したり、外で食べようと思うとツルッと落ちて買い食いは自殺行為だったり、苦い思い出が多いアイスです（~□~）。若い方も、今ならコンビニで復刻版が売っているところもあるのでご存じかもしれませんが、いかがでしょう？　あ、あと思い出したのはアズキというかアンコが入ったアイスも好きだったなぁ。

　思わずアイスの話が長くなってしまいましたが、質問の答えに戻って、今好きなアイスはミルクの濃いバニラ味です。皆さんもおいしいアイスがあったらファンメールで紹介してください。

　最後にタッグリーグ参戦が発表された潮崎への質問。まだまだアメリカの生活には慣れてはいないと思うけれど、一人での海外遠征ならではの失敗談を教えてちょーだいな。……ところで元気にやっているの？

　さて朝晩は冷え込むとはいえ、昼間の東京はすっかり春めいてきました。春といえば、昨年も書いたと思いますが、誰もが

通る道とはいえ、4月から新しい環境に移る予定で今は不安でいっぱいの方も多くいると思います。その不安がいつか良い思い出に変わるように前向きな気持ちを忘れずに過ごしてもらえればと思います。

　それではまた2週間後に。三沢でした。　　　　　2007・3・7

　ちあーっす! 三沢です。

　　前回の日記で首が痛い、と書いたのでご心配くださっている方もいらっしゃると思いますが……、残念なことにまだ痛いです。
　でもこうやって体のどこかに不調があると、それがたとえ深爪(ふかつめ)のような些細(ささい)なことでも気になって、健康のありがたみをしみじみと感じるのに、不思議なことに回復するに従って、少しずつ痛かったときのことや、辛かったときのことを忘れて、健康であることも当たり前になってしまうんだよね。またどこかをケガすれば、同じことを繰り返すんだけれど、**この"忘れてしまう""同じ過ちを繰り返す"っていうのは人間のおろかさだと思うなぁ**。例えばケガなんかにしても、野生の生き物は命に関わるから、絶対に同じことを繰り返さないようにするだろうし(飼い猫とかはダメだけどね)。これって永遠のテーマなんじゃないかな。

　冒頭からちょっと頭を使ってしまいました(·o+)。

さて皆さん16日（日）に放送された「佐々木夫妻の仁義なき戦い」はご覧になっていただけたでしょうか？ ご覧になられた方しかおわかりにならないかと思いますが、言っておきますが、"あの演技"は自ら進んでしたわけではありません。細かいところまで演技指導がありました。スタッフの方、小雪さん、ありがとうございました。ご迷惑をおかけしましたが、良い経験をさせていただきました。

　そして今週はもうひとつ収録モノ。"シリアスな試合の合間に放送されると一気に虚脱感に襲われる"と評判の「空き室に困ったらザ・リーヴにお任せ♪」。ザ・リーヴさんの新作CM収録がありました。関東の方しかご覧になれませんが、今回はある意味一平が主役のCMです。

　まず収録前というか、収録場所へ向かう車の中から、またまたやってくれました。スーツ持参と事前に連絡があったのに、あいつはスーツのジャケットとズボンだけ用意して、ワイシャツを持ってこなかったんです。慌てて合宿所に電話をしたり、ひとしきり騒いだ結果、スタッフの方が一平のためにワイシャツを用意してくださって（というより買ってきてくださって）何とかなりましたが、スタッフの方がわざわざ買ってきてくださったワイシャツを、帰りはちゃっかりともらって帰るあたりに、彼

の神経の太さが出ています。それにしても出かける前の日に持ち物をしっかり用意して、翌朝もう一度確認するなんて、小学校のときに教わりますよね。しかも撮影中、2度もウ◎コに行くし……。どこに行っても迷惑をかけて、一平はやっぱりノアの恥部だね。

　この日記を読んでいる方は一平がいじめられているとお思いでしょうが、違うんです。あいつは喜んでいるのです。いじめられて嬉しいから真剣に反省しないのか、それともあいつの辞書に"反省"という文字がないのか……。多分両方でしょう。そんなハプニングがありつつも無事に収録を終えた新コマーシャルは4月6日(日)のノア中継から関東地方限定で放送になります。お楽しみに!

　この辺で潮崎からのエルドン便りの質問に答えたいと思います。塩崎は海外でも酒飲みだね〜。でも……、飲め! 食え! せっかくの機会を謳歌しろ! ということで、「食」についてだけど、少なくとも大食いではないかなぁ。でも月によって違うんだよね。全くといっていいほど、食えないときもあるし、あとは季節の変わり目はなぜか食べ過ぎることが多いかな。おいしく食べるだけではなくて、ストレスから過食傾向になってしまう人も多いみたいだけど、俺の場合はストレスからは、食うより、飲みに走ることが多いかな。ストレスで食べ過ぎてしま

うと、翌日にまたストレスを感じるという悪循環になることも多いし。それでも食べ過ぎてしまったときは「おいしく食べれるということは健康ということ」と自分に言い聞かせてせめて後ろ向きな気持ちが残らないようにするのも必要だよね。とはいえ歳をとると基礎代謝が落ちてカロリーの消費が追いつかなくなるので、皆さんお気をつけください。

　あとは、「食べすぎた!」という経験かぁ。一番印象にあるのは高校の頃に行った焼肉食べ放題かなあ。ちょうど試合がなくて減量が関係ないときだったと思うけれど、何しろ食べすぎで階段があがれなかったもんなぁ。もうあんな風に食べれることはないなぁ。潮崎はアメリカでたくさん食べて、また大きくなって帰ってくるのかな。タッグリーグで一時帰国するので、皆さん塩崎へのご声援もよろしくお願いします。

　最後に平柳への質問。リングネームを変えたけどぶっちゃけ「平柳玄藩」って名前は気に入っているのかい？ 正直に答えてね。あっ、それよりまずは今さらだけど意味を教えてくれるかな？ 知りたい人も多いと思うよ。

　さて3月も半ばに入り、早くも次のツアー開幕が迫っています。
　ベルトはなくなってしまいましたが、次期ツアーでも、ノア初の試みタッグリーグ戦にふさわしい試合をして行きたいと思います。ご声援をよろしくお願いいたします。

三沢でした。それではまた次回。　　　　　　2008・3・21

ち　あーっす！ 花見の季節ですが、花見をしないままツアー開幕を迎え、試合が終わる頃には、桜も散っているんだろうなぁ、と思っている三沢です。

　今日は明日(4/4)の高松大会の前日ということで、移動日です。高松も桜はもう散っているでしょうね。といっても毎年、花見はしないんですが……。去年も書いたと思うけれど、**基本的に腰が悪くて地面に座るのが無理なので花見はしないのですが、その他にもいろいろと理由が……**。まず外で飲むとトイレが大変じゃん！ トイレが近い人は結構心配だと思うんですよね。しかも暖かくなって来たとはいえ、この時期ははっきり言ってまだ寒い！ 多分、秋の初めに寒くなってきた頃と気温は変わらないはずなのに、"春めいている"という気持ちだけで、妙に暖かく感じてしまうのですが、外で飲むにはやっぱり寒いですよね。しかも寒いところで飲むとあんまり酔わない。寒いところで酔えないのに、トイレの心配をしながら腰痛と闘って酒を飲む……。お花見は俺にとってなかなか高いハードルです。

　さて最初にも書きましたが、約3週間の長いツアーが開幕しました。開幕から4連戦で疲れた中での移動です。でもこの時期、新社会人、新入生、環境が変わって神経を使ったり、緊張している人も多いと思います。僕たちもそんな方々も、ここから

1カ月お互いに頑張りましょう! ここで頑張ればゴールデンウィークも待っているし、辛いなと思うことを乗り切れるといつの間にか自信にもつながっているはずですo(^▽^)o。辛いときこそ、頑張りどきですよね♪

　ここで平(ひら)からの質問に答えたいと思います。
"ホメオパシーってなんですか?"ってそれ、俺にまーったく関係のない質問じゃねぇ? て言うか、そもそもその言葉自体インターネットで調べただろう? 今は便利な時代なんだから、まずは自分で調べなさい(-へ-)。インターネットはエッチなビデオを検索するためだけにあるのではありませんっ!

　というわけで次回の担当・伊藤への質問。
　前にも聞いたかなぁ。試合でもなかなか行かない三重県出身の伊藤だけど、三重県の自慢ってなぁに? 会社のためにも自分のためにも、三重県をここでアピールしてみて。よろしくっ!

最後になってしまいましたが、前回と前々回の日記で「首が痛い」と書いたら多くの方からご心配のメールをいただきました。長年の蓄積もあるので、もちろん完全にはよくなりませんが、それでも少しずつ回復し、無事にツアーへ参加しています。ご心配いただき、ありがとうございました。今回のツアーではノア旗揚げ以来初の試みとなるタッグリーグ戦が開催されており、シングルからタッグへ気持ちを切り替え、ツアーに臨んでいます。お近くへお邪魔した際はぜひ、会場での応援をお待ちしております。

それではまた2週間後にヾ(^ー^)ゞ。
三沢でした。　　　　　　　　　　　　　　　　2008・4・4

ちあーっす!
　　いやぁ、今回のナビ。長い、辛い、痛い……の三沢です ミ(ノ･□･)ノ。

　マスコミの方には言ってませんが、左ヒザを痛めました。たぶん捻(ひね)ったんだと思います。もちろんノア初のタッグリーグ戦、最後まで頑張ります。至らない点があると思いますが、この日記をご覧の方、大目に見てください。

　あまりの痛さと腫れに、ヒザに入れたままのボルトが緩んでいるのではないかと思い、14日のオフ、病院に行ってきました。詳しい説明は割愛(かつあい)させていただきますが、幸いボルトの異常はありませんでした。繰り返しになりますが、武道館までつなげたいので、残された公式戦もその他の試合も対戦相手だけではなく、自分との闘いも頑張ります。

　この日記をご覧の方でご存じの方もいらっしゃると思いますが、私自身はノア設立以来、リーグ戦については否定的な立場をとっていました。リーグ戦があれば普段、タイトルマッチを会場で観ていただく機会が少ない地方の方にも公式戦を楽しんでいただけるということは、もちろん頭にあります。それでも否定的だった理由は一言では表せませんが、リーグ戦という形をとらなくても、選手は常々全力で試合をしている、という選手への信頼もあります。また例えば、体調を崩した選手がいた

場合、ベストを尽くせない状態で試合を行うのであれば、カードを変更した方がより充実した試合になることが多々ありますが、公式戦の場合、カード変更という手段も選べないままの試合になってしまう……というリスクもあります。もちろん選手はどのような状況でも、自分のできるかぎりの試合をしています。だからこそ、不調を抱えた中で無理をしているのではないか、という心配が大きくなります。

　今回初めてタッグリーグ戦を開催してみて、やはり選手の体調管理の難しさを痛感しました。そして初開催だからこその状況かもしれませんが、実際に試合をしていると、会場に足を運んでくださる方の戸惑いも感じています。まだリーグ戦半ばですが、**次回、開催の機会があるとしたら、選手の体調管理と同時にファンの皆さんが、リーグ戦そのものをもっと楽しんでいただけるような訴求方法が大きな課題です。**

　話が飛びますが、訴求と言えばアピール、アピールと言えば伊藤の日記！"三重県をアピールして"と言っているのに、なんだか後ろ向きなイメージが残りそうな話ばかり(-"-;)。普通、アピールって最終的には前向きに終わりますよね？自分の地元なのに「関西弁なのに近畿地方でもなく……」って。伊藤の住んでいたところでは三重県は近畿じゃないのかなぁ……。まぁ、あいつらしいけれど。

　ついでに先に伊藤からの質問に答えます。基本的にスポーツは見るよりもやる方が好きだから、バッティングセンターも嫌いじゃないよ。でも、もともと酔ってないと行かないところだし、最近は目が悪くなったから、行ってないなぁ。しかも、やっぱりと言うか……。レスラーってああいうところで体を動かす

と人一倍汗をかくんだよね。だから着替えを用意していないと難しいかな。よく考えると酔っていて、着替えを持っている状況って普通はないから、あまり行かないのかな。

　さて汗といえば、ずいぶんと暖かくなってきましたね！博多は意外と肌寒かったのですが、熊本は夜も半袖で歩けました。……ん！？何かおかしいですか？半袖ですよね？熊本の皆さんっ。毎年書いていますが、この時期はホテルの室温調整が難しくて、窓が開かない部屋だとみんな汗をかいているんだろうなぁと思いながら、俺自身も汗だくで寝ています。高い階は難しいのかもしれませんが、いまだに窓の開くホテルが意外とあって助かります。やっぱり窓がないと掃除のときとか埃が出て大変なんでしょうね。

　話が横道にそれたままですが、長かったナビも終盤戦。明日のふくやま大会から最終戦の武道館まで6戦となっています。最終戦まで公式戦が残っているシビアな日程ですが、優勝を目指していきますので、お近くの方、ぜひ応援をよろしくお願いいたします。

　最終戦といえば、武道館では俺の発案グッズが発売予定です。今はまだ製作中で本当に武道館に間に合うのか微妙なところなのですが、何だと思いますか？と、もったいつけるほどのものではなく、赤ちゃんの「よだれかけ」です。今はよだれかけとは言わずに「スタイ」と言うみたいですね。前から子ども用のグッズを作りたいと思っていて、今回はその第1弾です。やわらかいタオルを使って一から作った商品ですので、できあがったらまたサイトでも紹介したいと思います。スタイが必要な赤ちゃんのいらっしゃる方、ゼヒこれをお子さんにつけて自慢し

てください! そして赤ちゃんのいるお知り合いがいる方、プレゼントにいかがですか? まだサンプルしか見ていないのですが、2枚一組の予定です! ちなみに俺が「赤ちゃん用のグッズを作りたい」と提案したら、あがってきた候補がロンパース……。たしかにカワイイかもしれないけれど、外に見えるのでなければ意味がないんだよね……。

　長くなってしまって読んでいる方も疲れてしまうと思うので、この辺で次回の担当・3,000円の一平(←内輪ネタですみません。気になる方、機会があったら本人に聞いてみてください)への質問です。最近気になった時事ニュースは何? そしてそのニュースに関する一平の見解を教えて。

　今回はここまでとさせていただきます。繰り返しになってしまいますが、残りの6試合、お近くの方は会場での応援をお願いいたします。

　ではまた再来週。三沢でした。　　　　　　　　　　　2008・4・18

ちあーすっ!! いやぁ、まいったね……。ヒザと胸が痛いね……。最近、グチばっかりだね……。バイソンテニエルは胸に効いたね……。

応援してくださった皆様、申し訳ございません。

若い頃は"もっと頑張れたんじゃないかな"と後悔の念にかられたのですが、今回の武道館はあれ以上は無理でした。ごめんなさい。正直言って入場のときからきつかった。もちろん優勝したかったけれど……。痛みに負けてしまい、勝ちを焦って。仕掛けが早くなってしまいました。

と、終わったことをウダウダと書いても仕方がないので、試合の話はこの辺で終わりにして、先週の一平日記に話を移したいと思います。
　たまにホテルで"ホテルの浴衣姿のおじさん"が（自分もおじさんだけど）、自販機で嬉しそうにビールを数本買っているところを見ると、何とも言えない寂しい風が吹き抜けるのは僕だけでしょうか。まぁ僕が一人で酒を飲む機会があまりなくて、酒はみんなで飲む物だと思ってるからかもしれませんね（ちなみに田上は時々一人で部屋飲みしているらしいけど）。いずれにしても、その人によって小さいのか大きいのかわかりませんが、幸福感を得られるのはよいことですよね。あっ、一平はお風呂の中でチュウハイを飲むのが幸せだって書いていたけれど、間違いなく同時にチン◎をいじってると思うよ俺は（~-☆）。
　さて"最近気になるネタ"が先週のお題でした。一平は環境問題と来ましたか。って言うか、屋上庭園って山口六平太の会社かっ（←毎度お馴染み、わかる人だけわかれば良い、というネタです）。屋上庭園やソーラー発電って素人考えではとても良いものだけど、なかなか普及しないのはそれなりの理由があるんでしょうね。
　環境問題に関連して……、と言うほど大きく構える話ではないけれど、昔はもっとものを大切にした記憶があるなぁ。広告の裏が白ければ、とっておいて落書きに使ったし、カレンダーの裏の紙なんて嬉しくてクレヨンで落書きをしたなぁ。イチゴが入っているパックとかもとっておいて、お風呂で遊んだりし

ませんでしたか? 今となってはそんなことをする子どももあまりいないのかなぁ。お弁当のパックも今は全部使い捨てだもんね。これが豊かになったということなのかな、なんて考えてしまうこともある今日この頃です。

　それにしても、見た目から周りの美観を損ねる一平が環境問題とは面白いね。ということはさておき、まずは一平がニュースを見ていて安心した。普段から見ているのか、この日記用にネタを探しに見たのかはわからないけれど……。そうそう環境つながりというのか、昔話つながりというのか、今はほとんどの道路がアスファルトで舗装されていて、草が生えている地面なんて都会では公園か川の周りくらいしか見なくなったけれど、子どもの頃はよく草が生えている道があって、立ちションベンするにも"草に栄養を与えている"なんて言い訳をしたなぁ。今は子どもでも立ちションベンなんてしないだろうけど、一平なら野グソ(食事中の方すみません)もするだろうね。って言うかお前自身が肥やしだからね。

　あっ、いけない。話がそれっぱなしで一平からの質問に答えてなかった。風呂も温泉も大好きだよ。でも温泉の大浴場だけは好きじゃない。体が大きくて目立つからなのか、やっぱり見られるんだよね。たしかに俺でも芸能人がいたら、気になるもんね。まぁ俺の自意識過剰かもしれないけれど、いくらでかくても(←読んでいる方突っ込んでください)人に見せるようなものじゃないしなぁ。

　それからなんだっけ? 風呂でのエピソードね。風呂で寝てしまうことはよくあるよ。でも体が大きいからズルズルと入ってはいかないかな。あとはホテルの風呂だと足が入らないから両

足を風呂の縁にかけて入るんだよね。だから一平みたいなチュウハイを飲むっていう楽しみ方は無理だなぁ。それに基本的に風呂って両手両足を伸ばせる解放感を味わうところだと思っているから、ホテルの風呂は俺にとってはあまりリラックスの時間にはならないな。その分、家で風呂に入るときは(ユニットよりはちょっと広いだけで、もちろん足は伸ばせないけれど)浴槽に30分近く浸かっているよ。ヒゲを剃るときはさらにプラス10分。あごの下の部分までお湯につかって毛穴を開かせて"蒸しタオル効果"を利用してカミソリ負けしないようにしています。

　一平の場合は一人のときはよいけれど、温泉やファンの人と一緒のツアーでお風呂に入るときは、みんなに迷惑をかけるから、よくチン◎を洗って入りなさいっ!

　読んでいる皆さん誤解しないでください。何度も書いているけれど、こんな感じの一平いじりは本人が喜ぶからやっていることであって、決して意地悪ではありませんので。

　さて次回の担当は周平君。周平君といえば気になる"ガニ股"はいつからなの?

　それから美容院に行くとき、緊張するからって酒を飲んでから行くのはやめようね。と言うよりもそんなに緊張するところで切らなきゃ良いのに、と思うのは俺だけかなぁ。

　今回も長くなりました。ここのところケガの多い三沢です。今回のオフは短いので完治するかわかりませんが、しっかり休んで次のツアーも頑張りたいと思います。お近くの皆さん、ぜ

ひ会場での応援をよろしくお願いいたします。
　それではまた2週間後に。三沢でした。　　　　　　　2008・5・2

　　あーっす。三沢です。

ち　2週間ぶりのご無沙汰ですが、皆さんお元気でしょうか？ 東京は連休明けから、急に寒くなり気温の変化が激しい毎日です。それでなくても連休が終わってペースを戻しにくい中で、これだけ気温の変化が激しいと、体調を崩しやすくなると思いますので、皆さん気をつけてください。あと体だけではなく、この時期は精神的にも疲れやすいですよね。**5月病を防ぐにはカルシウムの摂取を心がけると良いそうなので、少し気持ちが疲れたなと思っている方はカルシウムを多く摂るように心がけてみてはいかがでしょうか。**

　さて前回のナビが終わって約2週間。あっという間に5月ツアーが開幕しました。
　開幕の少し前には小橋の地元・福知山で試合がありました。応援に来てくださった皆さん、ありがとうございます。ご存知の方もいらっしゃると思いますが、この大会では小橋の"ドッコイセ大使就任式"というものがありました。"ドッコイセ？"と最初は音の響きに驚いたのですが、当日、控え室で小橋自身が言葉の由来を教えてくれました。地元の踊りの掛け声みたいですね。
　ちなみにこの任命式はリング上で行われたのですが、当の小

橋は控え室で「緊張しますねぇ(||||°｡ ＿ ゜ ;)」とブツブツ^_^;。しばらく見ていたのですが、普段の試合前よりも緊張している様子が伝わってきました。試合以外でリングにあがるということもあるでしょうが、地元の方が大切にしている言葉がついたふるさと大使に、これまた地元の方の期待を背負って任命されるという重責を感じていたのでしょう。

　俺は本人の緊張をよそに任命式は滞りなく行われたと思うのですが、ご覧になられた方々いかがだったでしょうo(^^)o?俺自身は東京からもそれほど遠くない越谷で育ったので、あまり"地元ならでは"という風物詩がなく、また巡業で地方を回っているから、いろいろ見れると思われる方もいらっしゃるかもしれませんが、基本的に自由な時間は試合が終わってからの数時間なので、それほど催しごとにあたる機会も多くありません。そんなこともあり、この日記でもそれぞれの地元についての質問がつい、多くなってしまうのかもしれません。人ごみは苦手ですが、お祭りの時期に合わせて、東京から人が地元に帰ることもよくあるみたいですし、いろいろな事情はあるかもしれませんが、やはり季節の行事は大切にしていけるとよいとつくづく思った大会でした。

　さて地方と言えば今日から(正確には昨日から)始まった5月ツアーは東京をスタートして徐々に北上。最後は北海道までお邪魔します。この時期の東北・北海道は空気がとても爽やかで、移動中のドライブインでバスから降りるだけでも、気分がよいものです。まだ東北や北海道へ行ったことがない方、余裕があれば試合の観戦も兼ねて旅行を計画されてはいかがでしょうか? と言っても、3週間後では厳しいですね……。

というわけ(?)で、ここで前回の担当・周平ネタへ移らせていただきます。
　大好きな山田優さんの幸せなニュースに落ち込んでいるのかと心配していたら"S◎パーティーに行った"とか全く落ち込んでいる気配も感じない周平に安心したよ。
「ガニマタを治せる方法」かぁ。話をふっておいて申し訳ないけれど、全くわからない！ 女の人は足が曲がらないように、足を組むときに左右交互に入れ替えるとか聞いたことがあるけれど、ガニマタはどうなんだろうなぁ。レスラー的には、逆手にとってガニマタを前面に押し出すのはどうかな。一平と2人でガニマタブラザーズを結成するとか。
　昔よく、"日本人は正座をするからガニマタになるけれど、外国人は椅子で生活をしているからならない"って聞いた気がして、だったら**「英語でガニマタという表現はないのかな?」と思って辞書で調べてみたら、ちゃんとありました。**"bowleg"と言うそうです。"bow"が"弓状"という意味なので、"弓状の足"ってことでしょうか？ そのままですね。でも英語でもきちんと表現があるということは外国人でもガニマタの人はきっといるんでしょうね。ついでに辞書をひいていて気づいたのですが"ガニマタ"は"蟹股"でした。これもわかりやすいなぁ。携帯でもすぐに変換されたから、皆さんご存じでしょうか……。

　周平ネタは解決の方法が見つからないままですが、次回の担当・青木への質問に移ろうと思います。次に青木の番が回ってくる頃は梅雨も終わって夏真っ盛りだと思うけれど、青木に

とっての"夏の風物詩"と言うか"これがなくては夏が始まらない"と思うものは何？ "ひと夏の経験"はいらないから教えて！（←山口百恵かっ……。古くてスミマセン）。

　ちなみに俺はやっぱり夏祭りと花火大会。というかお祭りの屋台かな。

　さて最初にも書きましたが5月ツアーは始まったばかり。今回はディファでのGHCジュニア、新潟でのGHCタッグ、ツアーとは別になりますが横浜でのGHCタッグと選手権に若い世代の選手が多く出場します。もちろん、俺を始め選手権に関わらない選手も、それぞれのテーマを持って各会場で試合に臨みます。近くへお邪魔した際はご声援のほどお願いいたします。

　それではまた2週間後に。三沢でした。　　　　　2008・5・16

ちぁーす！ ただ今ナビ中（←そんなこと言わなくてもわかってるよ←自分突っ込みです）。

　東京から北上してやって来ました。剣道、柔道、北海道。……くだらないダジャレから入りました三沢です。
　やっぱりさすがに北海道はちょっと肌寒いね。俺的にはちょうどいいけどね (^-^)。

　今ナビも終盤に入り、試合と移動で疲れもピークですが（お

付き合いとはいえ、ほとんど飲んでて早く寝ないからだろ、という声も聞こえてきますが←ココも自重の意味を含めて自分突っ込みです)、最終戦まで無事に終えたいと思います。

　ご心配をおかけしておりますケガの具合ですが、胸骨の方は微妙によくはなってきました。咳をしても前ほど痛みがなくなってきたので少しホッとしてます、その代わりというか肋骨をちょっと痛めてしまいましたが、何とか我慢できる痛みなので大丈夫です(←何が大丈夫なんだよ←自分突っ込みが多いですが、別に一人で会話をしているわけではありません……)。**膝の状態はあまり芳しくはないですが、何とか乗り切りたいと思う三沢であった。**

　と、なぜか急に文語調になったところで、ここで青木の質問に答えようと思うけど、その前に先々週の俺からの青木への質問の答えが、俺の聞きたかった意図とハッキリ言って違ったけどね。でもこれもまた青木らしい答えかなぁ(ちなみに巡業中は、だいたいの選手の日記を読みます。移動中のちょっとした時間にちょうど良いんだよね)。

　青木の答えに話を戻すと、ちょっと予想というか、期待していたものとは違った答えだったけれど、まぁそれはよしとして、だいいち夏になったらほとんどの人は汗はかくけどね。そんな青木のドロドロの汗を拭いてあげたいと思うような娘を早く見つけなさい(゜-^*)。

　青木からの質問は"この夏したいこと"か。そうだな45年間守ってきた男の操を捨てたいと思います。ドキドキ(〃▽〃♪)←操の意味? 皆さんのご想像にお任せします(ﾉ▽≦)……操っ

てぴんからトリオかよ……あ、それは「女のみち」だし……確か殿様キングスだし……しかも曲名は「女の操」じゃなくて「なみだの操」だし……めちゃくちゃだなぁ……。

　潮崎への質問はやっぱり近況報告かな。タッグリーグが終わってちょうど1カ月だけど、どうしているのかな？　イギリスの大会でまた会うけれど、というか試合をするけれど、どんな様子か皆さんへのお知らせも兼ねて教えて♪

　さて明後日6月1日はツアー最終戦のきたえーる大会。ここでは抽選式のシングルマッチ、そして久しぶりにノアの選手同士の戦いとなるGHCジュニアタッグ選手権と、どんな試合になるのか俺も楽しみにしているカードがそろいました。もちろん俺自身の試合も含めて、その他の試合に出場する選手も会場で皆さんにお会いできるのを楽しみにしています。半年ぶりの札幌大会にご声援をお願いいたします。

　そして札幌大会の後は少し時間が開きますが、6月14日（土）には横浜文化体育館大会があります。森嶋はチャンピオンになって初めてのタイトルマッチです。挑戦者の杉浦だけではなく大きなプレッシャーとも闘わなくてはいけない辛い試合になると思います。そして杉浦もヘビーのシングルへは初挑戦。入門からここまでの苦労は多かったはずです。その上GHCタッグのベルトを失い、タイトルへの気持ちはきっと以前よりも強くなっていると思います。**選手としても、会社の社長としても、そしてファンとしても、森嶋と杉浦のどちらにも頑張ってほしい、どちらも悔いの残らない試合をしてほしい、そんな**

ことを思うタイトルマッチです。こちらもぜひご声援をお願いいたします。

　……横浜の会場だけど、電車でも意外と都内からは近いみたいだし（俺は車ばかりなので、いまいち実感がなくて申し訳ないのですが）、土曜日なので、遠方の方も横浜観光を兼ねてぜひいらっしゃってください!

　あ、そうだ戦いと言えば一平の戦い。一平ちゃんは青森の晩、エビと格闘していました。鼓太郎の日記にたぶん写真が載ると思うので一平の戦いぶりも併せてお楽しみください（載らなかったらごめんなさい）。

　そろそろ梅雨入りの声も聞こえ始める季節です。空気がジメジメしてきますが、体調を崩さないようにお互いに頑張りましょう!

　三沢でした。それではまた2週間後に!　　　　　　2008・5・29

ち あーっす。当たりました。サマージャンボ（°◇°）! 3,000円……。いくら買って3,000円かは聞かないでください。

沖縄は梅雨明けしたそうですが、今週の東京は梅雨の中休みもあり、晴れ間がのぞきましたね。三沢です。

　さて行ってきましたイギリス遠征。6月20日（金）に出発し

て、24日（火）に帰国。はっきり言って今回もまた強行日程です。

　今回はブリティッシュエアラインで行ったんだけど、乗った途端に6時間くらい寝て、それから毎度お馴染みの映画鑑賞。……今回は日本語の映画が4つ。しかも『アイアム・レジェンド』『ナショナル・トレジャー（それも最初のシリーズ!）』『ハリーポッター炎のゴブレット』『スパイダーマン（それも1!）』と見たことのあるものばかり。仕方ないから、『スパイダーマン』と『アイアム・レジェンド』を日本語で見て、そのあと英語でイマイチ理解できないまま『ジャンパー』『ライラの冒険・黄金の羅針盤』『クローバーフィールド』を見ていました。

　で、夕方に到着。空港から車で2時間ほど走ってホテルにチェックインしてからホテルの前のレストランで食事。何料理と言うのかなぁ。バイキング形式だったのだけど、俺は無難なチキンカレーを食べてその日はホテルで寝たのは12時頃だったかな。まあこの日はわりと普通の一日だったというか。

　そして2日目。試合の日。ホテルから車で1時間ほどのところにあるコベントリースカイドームに着いたら早速サイン会。イギリスのスタッフも一生懸命準備をしてくれたけれど、やはり慣れないのか、進行に手間取って会場に集まってくれたファンの方を待たせることになってしまいました。サイン会ひとつとっても、写真を撮るのにその都度、立ったり座ったり……。14時に始まったサイン会ですが、実に16時半までの約2時間半の間、ある意味"ゆっくりなヒンズースクワット"をしたような感じでした。

　肝心な試合についてはサイトでも随時UPされていたような

ので、ご覧になった方も多いと思います。詳しくは試合レポートに譲るとして、体調的には決して万全ではありませんでしたが、コベントリーのファンの方の声援がとても多く、その声援のおかげで何とか乗り切ることができました。**環境が変わっても応援してくださる方がいるということのありがたみを改めて感じたなぁ。**届かないとは思いますが、観戦に来てくださった皆さん、ありがとうございましたヽ(^-^)ノ。

さて問題はこれからです。試合が終わって会場を出たのが12時過ぎ。途中で道を間違え、ホテルに戻ったのは午前4時。一応、日本でいうサービスエリアみたいなところでツナサンドとハム&チーズサンドで食事にしたのだけど、出発前に食事をするタイミングを逃していたから、前の日のチキンカレーから約15時間ぶりの食事がサンドウィッチだけ(ﾉ´-`)……。もともとそんなにたくさん食べる方ではないとはいえ、これはちょっときつかった! 結局、寝たのが明け方の5時くらいだったはずだけど、疲れた一日だったなぁ。

3日目は昼前に出発。前日の反省を踏まえて、ちゃんと食事をしておきました。試合は地元でも大きな会場だった前日の大会とは打って変わり、かなりローカルな雰囲気の会場でした。地元贔屓の声援に押され、ウチの選手は皆、ブーイングを浴びる中、大声援をもらったのは、たった一人だけ向こうの選手と組んだヨネ。鼓太郎なんか勝ってもブーイングだったのに。

そんなこんなで2日の試合を無事(??)に終えて、この日はホテルに戻ったのが23時くらいだったかな。鼓太郎に頼んでチキンサンドを2つ買ってきてもらってシャワーを浴びて就寝。

で、明けて翌日は帰国。日程的には3泊5日でいつもの通り

ハードなスケジュールでした。まぁ俺自身はもともと休みがあっても観光はしないから別に良いんだけど、そんな過酷なスケジュールだったので、せっかく遠くまで応援に来てくださったツアーの方に接する機会がなく申し訳ない5日間でした。応援に来てくださった皆さん、ありがとうございました。

　帰りの飛行機は日本語の映画が少しは増えているかな？とささやかな期待をしていたのですが、全部一緒。仕方がないので、『ハリーポッター』と『アイアム・レジェンド』を観て帰ってきました。そして出た結論……。やっぱり10時間以上座るときにジーパンはよくないね！気持ち的に股が蒸れるね！（←タ◎裏でもよし）∧(´o`)∧ 蒸れたからというわけでもないでしょうが、帰りはほとんど眠れず、というより実感としては一睡もできずに帰ってきました。

　海外遠征も決して珍しいわけではありませんが、この人数で海外に行く機会はさすがにあまりありません。よい経験になったと思いますが、他の選手の感想はどうだったのでしょう？

　長くなりましたが、平柳からの質問に答えたいと思います。
　アルバイトはしたことがないなぁ。中学・高校は部活で時間がなくてそのままプロレスに入ったからね。でも中学校のときは新聞配達のアルバイトをしたかったなぁ。平柳の時代は違うかもしれないけど、俺たちの時代は新聞配達といえはスポ根ものの定番アルバイトだからね。妙な憧れがあったのかもしれないな。

　次回の担当は伊藤か。伊藤には「そのタイツは自分的には気

に入っているのでしょうか?」と聞きたいですね。俺的には伊藤のタイツの生地はどうしても昔のピアノのカバーに見えてしまうというか。それにこれからの季節、夏は絶対に暑いと思うけれど、夏もそのままなの?

　最後になりましたが明後日から新しいツアーが始まります。最終戦の日本武道館では「森嶋─力皇」のGHC選手権が行われます。森嶋と力皇、俺から見たら2人ともチャンピオンとしての力量は備えている選手です。タッグを組んでいたこともあって、近い関係の2人だからこそ、どちらにも意地があると思います。厳しい試合になると思いますが、ゼヒ皆さんご自身の目で見ていただければと思います。
　そしてもちろんタイトルマッチだけではなく、そのほかの試合でも選手は皆さんの声援を励みに頑張ります。ご来場、お待ち申しております。試合を楽しんで梅雨のジメジメした気分を吹き飛ばしてください!!
　三沢でした。それではまた2週間後にヾ(^-^)ゞ。

2008・6・27

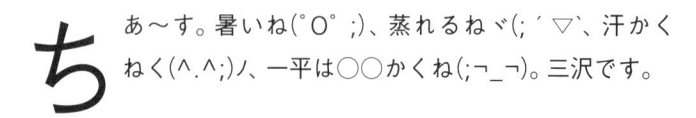

ち　あ〜す。暑いね(°O°;)、蒸れるねヾ(;´▽`、汗かくねく(^.^;)ノ、一平は○○かくね(;¬_¬)。三沢です。

　6月29日に開幕したツアーは一度東京に戻り、只今ナビ中。大きなケガはしてませんが、実際に「では体調はよいのか」と聞かれたら"?"かなぁ。でも武道館までは、気持ちを引き締めて

頑張りたいと思います。

　話は変わって洞爺湖サミットがあって東京でも警官の方たちの姿が普段よりも多く目に映る日々でしたね。幹線道路での検問も多かったような気がします。僕は新幹線や特急以外の電車に乗ることがないので、駅を利用することもあまりないのですが、都内の駅は警備体制もずいぶんと厳重だったようです。
　そんな中、今週は月曜日、七夕の日に講演会がありました。講演会を終えて、新幹線で品川から大阪入りをしたのですが、ずいぶんと多くの警官の方たちが仕事してました。ご苦労様ですm(＿ ＿)m。　時々意外な仕事の方に「見てますよ」と声をかけられることが多いのですが、警察官の方々もプロレスをご覧になっている方が多いようです。今回もどうやら俺を知っている人がいらっしゃったのか、仕事しながらこちらをチラチラ見ていたのが、ちょっとおかしかったですね。……やっぱり洞爺湖は北海道だけに東京よりは少しサミット（←←ダジャレかよ）と、くだらなくおとしてみました。
　講演会は企業のセミナーに招いていただき、ノア創設時の話からこれからの展望をメインに約40分間の話をさせていただきました。最初はカタイ話なので、どうなることかと思いましたが、主催者の方々、司会の方等の配慮で俺自身はスムーズに話ができました。とはいえ、聴いていた方の感想もいずれうかがいたいと思っております。

　この辺で前回の担当・伊藤からの質問に答えたいと思います。
　その前に、遠征お疲れ様。よい経験をして帰ってきたみたい

で安心しています。

　で、質問は……メキシコかぁ。「好き」か「嫌い」かってズバッと聞かれるとビミョー。住んでいる方には申し訳ないけれど、住みたくはないかな。何ていっても俺が行ったのは、いわゆる"修行"だから観光もほとんどしていないしね。それに何よりメキシコそのものが遠いところが俺にとってはあまり前向きではない話かなぁ。タコスもコロナも嫌いじゃないというかむしろ好きだし、もしかしたら今行ったら違う印象なのかもしれないけれどね。

　伊藤からの質問への回答はこれくらいにして、残念ながら次回の担当・一平への質問です。
　一平に夏休みがあるのかどうかわからないけれど、この夏はどこかへ行くの? 夏ならではの何かをしようとしているの? ない頭で考えて教えてください。

　関東地方は早ければ今週末に梅雨明けだそうです。この日記を読んでくださっている皆さんの地域が梅雨明けしているかわかりませんが、夏を元気に乗り切るには、梅雨明け前からの体調管理が大切だそうです。これから本格的な暑さがやってきますが、夏バテなどしないで、元気に会場で応援してもらえたら、と思います。
　それではまた2週間後に。三沢でした。　　　　　2008・7・11

2008

ちあーっす。
　　やっと梅雨明けをして……暑い(;゜∇゜)ゞ……暑い……(~ ~;)……、酔った一平はうざい……(-｡-;)……。あんまり落ちてないなぁ。まぁいっか。

　それにしてもこの暑さと日差し、肌が弱くて日焼け禁止の俺にとっては辛いね。ずっとこうなのかなぁ。トイレにクーラー入れてくれねーかなー。と贅沢も言っていられないので、夏は暑いものだと覚悟を決めて、汗は必要なものだと気持ちを切り替えて、乗り切るのが一番だと思う今日この頃です。しかも今年は何年かぶりに黒のTシャツに塩が浮いていました。白っぽく塩が浮いたTシャツを見て真夏を実感すると同時に"まだまだ俺も若いな"と思った三沢でした。

　と、今回も前置きが長くなりましたが、7月ツアーも無事に終わりました。今回もたくさんのご声援ありがとうございます。開幕からナビの一区切りとなった博多大会、そして先週の武道館大会と選手みんな頑張っていたと思います。ご観戦いただいた方々いかがだったでしょう？ きつい状況の世の中ですが、頑張っていきたいと思いますので8月ツアーもご観戦、お願いいたします。

　さて話が少し戻りますが、これだけ暑いとやっぱり冷たいものが欲しくなりますよね。冷たいおやつといえばアイスとカキ氷。最近は昔の定番がリバイバルをしているパターンも多いみたいで。この前はシャービックがすでにできあがった状態で売られているということを聞きました。シャービック懐かしい

なぁ。できあがるまでが待ち遠しかったなぁ。

　ちなみに俺はアイスよりもカキ氷派。氷系の定番といえばやっぱりガリガリ君でしょ(^-^)。この歳になるとさすがに外でガリガリ君を食べる勇気はないけれど、期間限定ものは一通りチェックしているつもりです。定番のソーダとコーラは申し訳ないけれど少し飽きているので、期間限定に走っている部分もあるのかもしれないけどね。ちなみに今年の梨味もよいけれど、俺はどちらかと言うと去年のマンゴーの方が好きだったかなぁ。と言いつつリッチシリーズのミルクが一番おいしいと思っています♪　さっぱりした氷とミルクっぽいところの両方が味わえるガリガリ君なんて画期的だよなぁ(^◇^)。カキ氷派の俺でも子どもの頃、お金があるときはただのイチゴ味の氷じゃなくて練乳入りを選んだもんなぁ……。

　今回は小さな話になってしまいましたが、一平からの質問に答える意味も含めて、夏バテ対策はまずは食べること。俺は腸があんまり丈夫じゃないけれど、気にせず食べる。あくまでも俺の経験上だけど、**バランスよくちゃんと食べていれば食欲が極端に落ちることもあまりないはず。それから代謝をよくするためにも水分は摂ったほうがよい。で、汗はかけるときにかく**(汗をかくのは代謝をよくするだけではなくて、体温調節上も必要なはずだから)。ただし脱水症状には気をつける。

　……と結局一言では表せないのですが、体調管理を心がけるのは季節を問わず必要ですよね。こんな感じで一平からの質問の答えになっているかな。

というわけで次回の担当は谷口か。欠場中で皆さんが心配していると思うから回復状況を報告してちょうだいな。ちなみに俺はこの夏、谷口の亀甲(きっこう)縛り焼けに期待しているよヾ(ﾟｰﾟ)ﾉ。

　それでは皆さんこれからが夏本番です。体調管理には十分注意して夏を楽しみながら乗り切ってください。8月ツアー開幕までは少し時間がありますが、SEM、汐留(しおどめ)、仙台、皆瀬(みなせ)とお祭り的な試合が続きますので、会場でお会いできるのを楽しみにしています。

　カキ氷派だけれどサービスエリアではソフトクリームは欠かせない三沢でした（もちろん持って歩くのも恥ずかしいので買ってきてもらいます）。
　それではまた2週間後に。　　　　　　　　　　　2008・7・25

　ちあーっす。毎日暑い日が続きますね。
　暑中お見舞い申し上げます。←←ヽ(´＿`;)ﾉ キャンディーズかよ、って古いボケをかまして始まりました。三沢です。というかこの日記は掲載の前に書いている（打っている?）のですが、今日は立秋。正式には"残暑お見舞い"ですね。

　さてさて毎年同じことを書いているのですが……。もうすぐ年に1度の健康診断がやってきます。選手・社員が安心して力を発揮できるように、と設立から義務づけているこの健康診断で

すが、実は社内で一番嫌がっているのが俺自身かもしれません。もちろん病院は嫌ですが、それよりも嫌なのは、夜型の生活の俺にはあり得ない21時以降飲食禁止！のプレッシャーです。起きていても実際にはそんなには食べないのですが、「食べちゃダメ」っていうプレッシャーを必要以上に大きく感じるんですよね。その上、以前に比べて飲みやすくなったと言われるバリウム。あれだって考えるだけで気分が悪くなる人もきっといると思います。炭酸飲んで、空気を出したらダメだって言われても無理だし……。みんなよくやっているなぁ。とぼやいていても始まりません。今年も例年通り、あまり節制せずに挑みます（←大げさ）。何かあったら次回の日記に書きたいと思います（何かあったらまずいよ……_(××)）。

　そう言えば、日付が変わって今日からオリンピックが始まりますね。今回はオリンピックが始まるという実感があまりないと言うか、俺の中ではあまり盛り上がっていないのですが、皆さん的にはいかがでしょう？　オリンピックのたびに、実は今まであまり大きなニュースにならなかった問題が大きく取り上げられることが多いような気がします。大きなイベントを開催するからこそ、向き合わなければならない問題が多くあるのでしょう。スポーツを通して生まれるものを大切にしながら、一方で伝えられるニュースも同じように受け止めたいと思います。

　さて前置きが長くなりましたが……、もちろん気になるニュースが多くあることも少しは影響しているとは思いますが、実は俺自身はスポーツは観るよりも実際にする方が好きな

ので、今回に限らずあまりオリンピックで盛り上がった記憶がないのですが……。それでも世界一のレベルがこれだけ集中することはやはりすごいと思います。**オリンピックとオリンピック終了後に開催されるパラリンピック共に、4年に1度のこの瞬間にかけてきた選手や関係者の皆さんを陰ながら応援しています。**

　それにしても……最初にも書きましたが、暑い！ しかも雷や豪雨で湿気がすごくて、これでは窓を開けるわけにもいかなくて、やっぱりエアコンをつけざるを得ない毎日。暑いには暑いけれど、本格的な夏らしくないなぁと思っていたら……今日は有明の空にも巨大な入道雲がこれぞまさに夏！ という感じです。で、ここで「暑くなると食べたくなるものは？」という谷口からの質問に答えたいと思うわけです。

　ウマイなぁ。この展開（……でもないか。かなり強引でした）。うーん、カキ氷もアイスも一年中あるしなぁ。パッと思い浮かぶのは冷やし中華かな。冷やし坦々麺とか冷やしラーメンとかいろいろあるけれど、俺が思い浮かぶのはごくノーマルな冷やし中華。酢が効いていて、辛子がついていて……。谷口は素麺かぁ。これって結構珍しい答えじゃない？ 素麺もきっと奥が深いんだろうけれど、谷口くらいの年代の男性で、暑くなると食べたくなるも

の=素麺って答えるかなぁ。むしろ、食欲がないときでも食べやすいとか、あれば食べるって位置づけじゃないのかなぁ。

　という疑問はおいておいて、今、この日記を書いている途中で、ずいぶん以前に「夏にオススメの冷たい麺を教えてください」という雑誌の取材を受けて「焼肉ファミリーの冷麺。取り立てて特長があるわけではないけれど、イメージ通りの冷麺で食欲の落ちる夏でも食べやすい」と答えたことがあったなぁ、と思い出しました。他にもずいぶんとファミリーの宣伝をしたなぁ(-_-)。それなのに鼓太郎は悪いやつになっちゃったもんなぁ(-_-)。チャンピオンだけど(-_-)。

　グチっぽくなってしまいましたが、青木への質問は、夏休みに合わせて映画がたくさん公開されているけれど、青木の注目はどれ？　書ければ理由も含めて教えてちょうだい。ちなみに俺が子どもの頃は東映まんがまつりが定番でした。あと、髪を切ったみたいだけど、夏に向けてなのかなぁ。という小さな疑問にも答えてくれれば嬉しい今日この頃です。

　さてさて8月に入り、夏はまだまだ続きます。夏と言えば花火、お祭り、海、川、山！　来週は恒例の皆瀬村大会です。東北地方は地震の影響で観光客のキャンセルが相次いでいるとのことですが、仙台・皆瀬の2連戦は今年も開催です。お近くの方も遠くの方も夏の旅行を兼ねてぜひ遊びにいらしてください！　そして今年も痛ましい水の事故が起きているようです。皆さん気をつけて夏を満喫してください。花火もお祭りも嫌いじゃないけど、人ごみが苦手で結局行かない三沢でした。それではまた2

週間後に。 2008・8・8

ちあーっす。仙台&皆瀬、お盆の最中の2連戦、ご観戦いただいた皆さん、ありがとうございました。三沢です（どうでもよいことですが、"お盆の最中の"って"オボンのモナカの"と見えます。昔から"最中=モナカ"は言う人が多かったけれど、お盆がつくと余計に"モナカ"っぽいと言うか。もちろん"オボンのサナカの"と書きたかったのですが）。

最近ではお盆にピッタリお休みをとるところは少しずつ減ってきているみたいですが、それでもやはりニュースを見ていると、この時期の帰省ラッシュはすごいみたいですね。毎年恒例の東北大会ですが、今年も微妙に渋滞にはまらず、スムーズに往復することができました。皆瀬大会は、例年通り屋外での試合ということで天候が心配されましたが、少しパラパラと雨に降られた程度で無事に2連戦を終えられました。開催にご尽力いただいた関係者の方々にもこの場を借りてお礼申し上げます。

あ、ひとつ無事ではないことがありました。俺の試合中に一平が丸藤と杉にひきずられてどこかへ行ってしまったのですが、仰向けになったまま砂利の上を引っ張られたらしく、帰ってきたときには背中に引っかき傷が……。一平は一人で「背中がしみる」と小さな悲鳴をあげていましたが、それ以上に俺は一平が戻ってきてから微妙に砂利っぽくなったリングの方が心配だったよ (;´ハ`)。

さていきなり話は変わりますが、受けてきました。健康診断！駐車場から検査を受けた病院まで、炎天下を500メートル歩いた後の最初の検査が血圧で、ちょっと高くて、深呼吸をして、再度計り直したという流れ（?）はありましたが、そんなのは序の口。クライマックスは……。皆さんおわかりですよね？ これもまた毎年恒例の話題ですが、ここからは尾籠（びろう）な話題になりますので、お食事中の方は後ほど改めて読んでいただいた方がよいかもしれません。悪しからず。

　いやぁ……、参ったね。バリウム。ゲップを抑えながらの右左上下左右の動きに、今回は途中で右と左がわからなくなるほどグッタリ。あれはやっぱりよくないよ。まぁ、そんなこんなで検査も全て終わり、係の方に「試合、頑張ってください」と励まされつつ、病院を出たのですが、本当のクライマックスはここから始まっていました。

　バリウムの検査が終わってからすぐにその場で、もらった下剤を一気に2錠飲んでいたんだけど、今回もまたメチャクチャ苦労。ここからもよりリアルな話ですよ……本当に読んでよいのですか？ ~((((っ~_~)っ) バリウム後、最初のウ◎チは、下剤の力を使っても水分をたくさん摂っていてもやっぱり硬い！ 経験していない方のために説明します。どれくらい硬いかというと、いくらトイレで頑張っても硬くて終わりが見えないから、意識して切ろうと思っても、硬すぎて切れないんだよ。本当に参ったなぁ。最終的にはトイレに5分以上、いや10分近く座っていたかな。せっかくだから目で成果を確認したかったけれど、白く濁って未確認のまま……。

そんなこんなで今年の検診も終わりました。**これを他人事(ひとごと)だと思っている、バリウム未経験者の若い人、そこのあなたです (;-_-)σ、あいつを甘く見ない方がよいですよ。本当に**。検診後のそんな苦労も含めて改善されれば、よいのになぁ。誰か何とかしてくれないかな。

　と、今回もまたリアルな話で終わってしまいましたが、ここで青木からの質問に答えます。というか、「玄関から見える風景」という題でアスファルトをメインに書くのは、間違ってないと思うけれど、でもある意味サボりだろー。というかその先生の出した宿題の意図は、生徒の目線を確かめたかったのかな。玄関からでもどこを見るか、どこにどの焦点を当てるかで、全然、違うよなぁ。青木はサボりのつもりはなく、自分が理解したままに書いたんだろうけれど……。質問に答えると俺が一番嫌いだったのは、定番だけど「絵日記」。小学校の頃は毎日書かないといけなくて、しかも天気を記入するところがあるから、他の宿題と違って前もってやりだめできなくて、そのいかにも"拘束されている"って感じが嫌だったなぁ。

　次回の担当は潮崎か。アメリカの生活にも十分慣れただろうから、そっちでちょっとはまっている食い物とか教えて。っていうか、お前、普段は何を食っているの?

　さてまだ暑い日が続きますが、微妙に"夏真っ盛り"というよりも"厳しい残暑"という感じになってきました。夏バテを引きずっている方も、元気いっぱいの方も、次の季節に向けて、残

り少ない8月を満喫してください。

　そして明日23日からは8月ツアーが開幕します。最終戦9月6日の日本武道館で佐々木選手とのタイトルマッチを控えている森嶋はこのオフを利用して、海外で新しい経験を積んだようです。また昨年好試合が続出したジュニア選手による、タッグリーグ戦が今年も開催されます。選手一同、全試合、努力を惜しまないことをお約束いたします。皆様のご観戦を心よりお待ちしております。

　人ごみが苦手だから、花火大会に行くことは滅多にないけれど、家の中から花火大会の音を聞いて夏も終わるんだなぁと改めて実感した三沢でした。

　それではまた2週間後に。　　　　　　　　　　　2008・8・22

ち
あーっす。
"下ネタ言ってる三沢さんが素敵だ"というウワサもあるのに……。
"最近下ネタ少ないですね"というクレームもあるのに……。

　俺の下ネタは禁止で杉浦のはOKなのはどういうわけなんだq(｀O´)pq(｀O´)p!!
　と鬱憤（うっぷん）がたまっている三沢です (^^)/。

2008

　杉の日記じゃないけれど、お尻つながりで、ほ◎れた潮崎が元気でよかった。とりあえず安心したよ（←わからない方は先週金曜日のシオの日記をご覧ください）。

　それにしても暑い!!　先週から始まった豪雨がやっとあがったと思ったらメチャクチャ暑い。皆さんももちろんそうでしょうが、俺たちレスラーにとってこの残暑は厳し過ぎる……。今週なんか長岡へ行くバスは外気温が40℃を記録していたらしいし……、蝉はここぞとばかりに鳴いているし、もう9月だと言うのにいつまで続くんだろう。この暑さ。もう9月なんだよな♪　セプテンバー、そしてあなたは〜〜、セプテンバー♪　ふと思いついたので歌ってみました。そんな爽やかなイメージの9月じゃないよね、この暑さは。ってこの歌知っているのはどれくらいの世代までなんだろう？ "母が好きで聞いていたので知っています" とか "懐メロ特集のテレビで見ました" とか言われてしまうのかなぁ。ジューン、ジュラーイ、オウガスト、セプテンバー……と中1の英語で思いっきりカタカナの発音で覚えさせられたことを思い出します。

　中学校といえば先日。テレビの収録で出身中学をたずねました。「ココロの扉」という番組ですが、関西ローカルで放送されたので、他の地域の方はご覧になれなかったかと思います。中学校には確か10年くらい前に講演会をさせていただいてたずねたので10年ぶりくらいなのですが、もちろん俺が通っていた頃とは、様子が全然違いました。敷地が狭くなって、周りに住宅が増えて、何よりも前の道路がアスファルトになっていた

のが一番大きな違いかな。今回は担任の先生とお話をさせていただきました。中1〜中3まで担任していただいたのですが、決して優等生とは言えなかったから迷惑をかけたと思います。卒業して30年たつのに快く出演していただき、本当に感謝しています。中学校時代の俺といえば……。思春期真っ只中。校舎の廊下をバイクで走り、バットで窓ガラスを割り……。ってスクールウォーズかよ！古っ！もちろん嘘です。たしかに優等生ではなかったけれど、そんなムチャクチャなことはしていません。と打ちつつも……今度はスクールウォーズの曲が頭に……。

　……曲が止まらないので（←皆さんもこんな経験ありませんか？）、シオからの質問に答えます。

　みんな元気といえば元気だよ。**レスラーに"元気"って表現はいろいろな意味で難しいなあ。気持ちは前向きで、頑張っていても、ほとんどみんなどこかにケガをして、痛い中で頑張っているから、それって元気というのかなぁ。どうだろう。**まぁそんなことは言っていても始まらないので、本題に。俺が初めてベルトを獲ったときはやっぱり嬉しかったよ。単純というか素直にというか嬉しかったなぁ。その後で、ベルトを持つことの責任の重さや、防衛していくことの難しさを感じてきたけれど、初めて獲ったときの、新鮮な気持ちはやっぱり大事にしない

といけないなと今でも思います。シオもチャンピオンになって遠征が今まで以上に充実したものになっていると思います。元気に帰ってくるのを楽しみにしています。

　さて次回の担当は平柳。ちょっと疑問に思っていたんだけど、タイツの柄は何を意図しているの？ 桜の柄でよいの？ もしも桜ならなんで桜なの？ 多分疑問に思っている人も多いと思うので教えて。

　さて8月末から始まったツアーも残すところ明日の武道館大会のみとなりました。今回は1日早くこの日記を書いているので4日の富士大会の結果はわかりませんが、選手一同、優勝を目指して毎日とてもハードな試合をしています。また明日は森嶋がベルトを賭けて佐々木選手と戦います。タイトルマッチを前に大きなプレッシャーとも戦っている森嶋はもちろん、他の選手にとっても皆さんのご声援が何よりも大きな力となります。最終戦、日本武道館大会、お時間のある方は全力を尽くして戦っている選手へのご声援をお願いいたします。

最後はちょっとかたくなってしまいました。
三沢でした。
それではまた2週間後に。

あ〜、俺だって下ネタ入れたいよなぁ。
下ネタを楽しめるのは大人の証拠だよなぁ(°∀°)。

2008・9・5

ちあーっす。9月に入り……というより9月もすでに後半ですが、まだまだ暑いですね。て言うか残暑ざんしょ？ どうですか？ だいぶ涼しくなったでしょ(^◇^)。

　冗談(?)はさておき、本当に暑いですね。いつ涼しくなるんでしょう？ 秋は天気が変わりやすいから、この日記を皆さんがご覧になる日は急に涼しくなっているかもしれませんが……(前日に書いています)。残暑が厳しいのか、俺の体感温度が高いのかわかりませんが、季節は確実に秋のようです。

　秋といえばやはり食欲の秋。これだけ暑いと農作物への影響が気になる今日この頃ですが、多分食欲の秋については他の人も書いていると思うので……、他に秋といえば、やっぱりスポーツの秋！ 今の運動会は春にやるところが多いようですが、俺たちの時代は「秋の大運動会」と銘打って10月10日の体育の日前後が定番でした（そう言えば、祭日も昔と違って覚えにくくなりましたよね）。春でも「春の大運動会」と銘打つのでしょうか？ イマイチ雰囲気が出ないような……。

　それにしても春の運動会って、クラス替えがあって、ゴールデンウィークがあって、梅雨入り前にやるんですよね？ 慌しくないのかなぁ。リレーとか騎馬戦とかのチーム競技は慣れない人たちと一緒でなかなか難しそうだし、マスゲームや組体操も練習時間が短いと大変そうだよなぁ……。俺たちの頃は子どもも多くて、1クラス40人前後が定番だったから行事は何をするにしても大事だったけど、今は子どもが少なくて都内の中学校でも30人くらいが普通みたいだね。ウチの子どもも中学校ではクラス替えもなかったしなぁ。運動会だってすぐに終わって

ビックリしたよ。昔は朝から始めて夕方までかかったから、子どもにとっては結構大変な行事だったんだけどなぁ。子どもの卒業式に出席したときも人数が少ないからすぐに終わったし。

　運動会とか楽しい行事はいいけれど、卒業式とか下級生には面倒な行事はすぐに終わって子どもにとっては嬉しいのかもしれませんね。でもクラス替えのドキドキを味わえないのは、ちょっともったいないよう気がします。ノアでは一番若くても一平で、今年26歳だから運動会は秋の世代だろうな。

　まとまりがなくなってきたので、この辺で平柳からの質問に答えておきます。

　今年の夏は、今のところ大きく体調を崩すこともなかったかな。最初の話題ともかぶるけれど、俺は平熱が36度8分くらいで大人にしては高い方なんだけど、平熱が高い方が体調を崩しにくいらしいね。今は平熱が低い子どもが多いみたいだけど、低体温はいろいろと弊害もあるそうです。皆さんも季節の変わり目は体調を崩しやすいと思いますので、体調管理にはご注意ください。ちなみにペーイチくんは急性腸炎になっていたことに気づかず、飲みに行っていました。本人がよくても周りの人に迷惑をかけるので、あまり鈍感なのも考えものです……(~口~)。

　次回の担当・伊藤への質問は、実りの秋だけど、秋の食べ物で好物は何？（女性以外で）

　さて話は変わりますが、俺の日記は今回が最終回となりま

す。長い間、ご愛読いただいた皆様ありがとうございました。この日記を始めるときに一番最初に悩んだのはタイトルでした(他の選手もそれぞれタイトルにも個性が出ていますよね)。日々の小さな出来事ばかりを書いてきましたが、**少し落ち込んだときも夜中に更新されるこの日記を読んで、ちょっとでも嫌なことを忘れて寝たり、翌日を迎えてもらえれば、とささやかな願いを込めてつけたタイトルです。**

　日々の試合も同様です。毎日小さな壁にぶつかったり、大きな悩みを抱えて頑張っている人たちに、プロレスを観て少しでも前向きな気持ちになってもらいたいと願って、できるかぎりいろいろな場所にお邪魔して試合をしています。自分たちにできることは小さなことかもしれませんが、"プロレスを観て頑張ろうという気持ちになった"そんな声を届けていただくたびに、自分たちにとっても大きな励みとなります。

　10月からは新メンバーの日記が始まりますが、変わらずに楽しんでいただければと思います。辛くなったとき、落ち込んだとき、この言葉を思い出してください。**"ドンマイ ドンマイッ (^-^)"。**

　今度は水曜コラムと会場でお会いしましょう。三沢でした。ドンマイっ (o^-^o)ノ。

2008・9・19

2009

ちあーっす(^-^)/。あけましておめでとうございます。三沢です。

　2009年始まっちゃいましたね。今年はどんな年になるのでしょうか。景気は回復するのかなぁ。難しいなぁ。去年は暗いニュースが多かったなぁ。俺、なんだか一人でブツブツ言ってるなぁ。

　ところで(!?)ちょっと話は戻りますが、1年って歳をとると本当に早く感じますね。本当に早いね。早◎だね(←2009年初のシモネタです。まぁ、つまりこれが言いたかったんです♪♪)。

　もっと戻りますが、クリスマスケーキは昔はバタークリームのケーキだったからおいしくなかったなぁ。生クリームのケーキを最初に食べたときは感動したなぁ。

　さてお正月といえば、やっぱりおせち料理。でも僕はおせち料理が好きではないから、豪華なおせちを見てもあまりテンションが上がりません。特に子どもの頃なんておせちで食べられるものといえばカマボコくらいだったような気がします。

　栗きんとん……、好きじゃない。黒豆……、食べない。数の子……、食べない。ごまめ……、好きじゃない。あ、伊達巻は好きだったな。伊達巻も好きで食べてたけれど、結局カマボコと合わせて2つかよ！ おせちでテンションが上がらないのは、そう

いうわけで子どもの頃から好きではなかったことも大きいかな。

　他には昔は正月はお店がやっていなかったのと、日頃年中無休で働いている主婦に休んでもらう意図があったみたいだけれど、今はお店も開いているしね。それにこんなに慌しい毎日では、お正月を休むためにおせちを作るのも逆に大変なんじゃないかと思ったり。

　でも今年は高級なおせちの売れ行きが平年よりもよいらしいね。バブルの頃みたいに、やたらめったら高いものが売れるのではなくて、今の経済情勢の中でお正月らしい華やかな雰囲気を保ちつつ、ゆっくりと過ごすには家で少し良いおせちを楽しもうという人が多いみたいだけど、やっぱりおせちが好きじゃないと成り立たない話だなぁ。

　僕の今年の試合は1月4日東京ドームからです。お正月で唯一よいなと思うのは都内の車が少なくなることです。ドームに行くにも渋滞の心配は要らないので少し安心です。

　が、実は車の調子が悪い……。今の車にして大きな故障はなかったのですが、先日リアルジャパンプロレスに参戦させていただいて、試合も終わり、帰ろうとした直後にトラブル発生。

　後楽園ホールや東京ドームに行かれたことがある方はイメージが湧くと思うのですが、後楽園ホールの駐車場は黄色いビルの脇から外堀通りというかなり車の多い道路に出ます。試合が終わって駐車場を出たところまではよかったのですが、外堀通りに出た途端に車がプスンプスンと音を立てて交差点の真ん中で力尽きそうになったのを何とか路肩まで動かし、そこから1

時間エンジンを吹かし続けてやっと再起動(?)。試合が終わった後でまた疲れてしまいました。

　修理に出して戻ってきたので、問題はないと思いますが、1月4日も何事もなく、たどり着けることを祈るばかりです。

　さて今年は丑年。牛歩戦術等、マイナスの表現に使われることもある牛の歩みですが、一方で確実な歩みという印象もあると思います。厳しい時代の中で今なすべきことをしっかりと見極め、一歩ずつ着実に歩んでいきたいと思っております。

　……と決意を新たに終わろうと思ったのですが、大事なことを忘れていました。

　そういえば、一平君が所帯を持ちました。否、結婚できました! よかったねぇ、(＾▽＾)σ一平君。彼も今まで以上に責任感を持って……、あ、今までは持ってなかった＾Ｏ＾;。一平の場合は家庭を持って本当にやっていけるのかという心配の方が大きいですが、髪型もちょっと伸びてきて見れるようになってきたことだし(あいつが変な髪型で歩いていると、一緒にいる俺が恥ずかしいって最初はわかってなかったんだよね。まぁ人それぞれ感性が違うからいいけども……)。

　思わず新年早々、一平いじりをしてしまいました。

　2009年ノアの試合は11日のディファ有明、丸藤プロデュース大会から始まります。丸藤は去年、デビューから10年を迎えました。普段はあまり昔を振り返ることのない僕ですが、付き人だった彼の10年前は、ついこの間のことのように思い出す

ことができます。

　そしてそのあっという間に感じる10年で、彼が見せたプロレスだけではなく、精神的な成長の大きさを改めて思います。ベテラン社会人の方でも社会人10年目のことを思い出すと、少し感慨深い節目になっているのではないでしょうか。

　そして今まさに10年目の方は、やはり日々様々な葛藤の中にあると思いますが、共に頑張っている同世代として、前向きな気持ちになれるような大会になれば本望です。

　思い起こせばあっという間の10年ですが、その時間を丸藤がどのような自覚と課題を持って過ごしてきたのか、それが如実に表れるのがリングでの姿です。もちろんまだまだ発展途上だとは思います。そしてそれは丸藤だけではなく、自分自身も含めて選手・スタッフ一同が同様です。

　ちょっと辛い時代ではありますが、ノアの選手は皆、前向きな気持ちで頑張っていきます。そして皆さんと一緒に前向きな気持ちを持って歩んでいきたいと思っております。

　今年もご声援のほど、どうぞよろしくお願いいたします。

2009年1月1日
株式会社 プロレスリング・ノア
三沢光晴

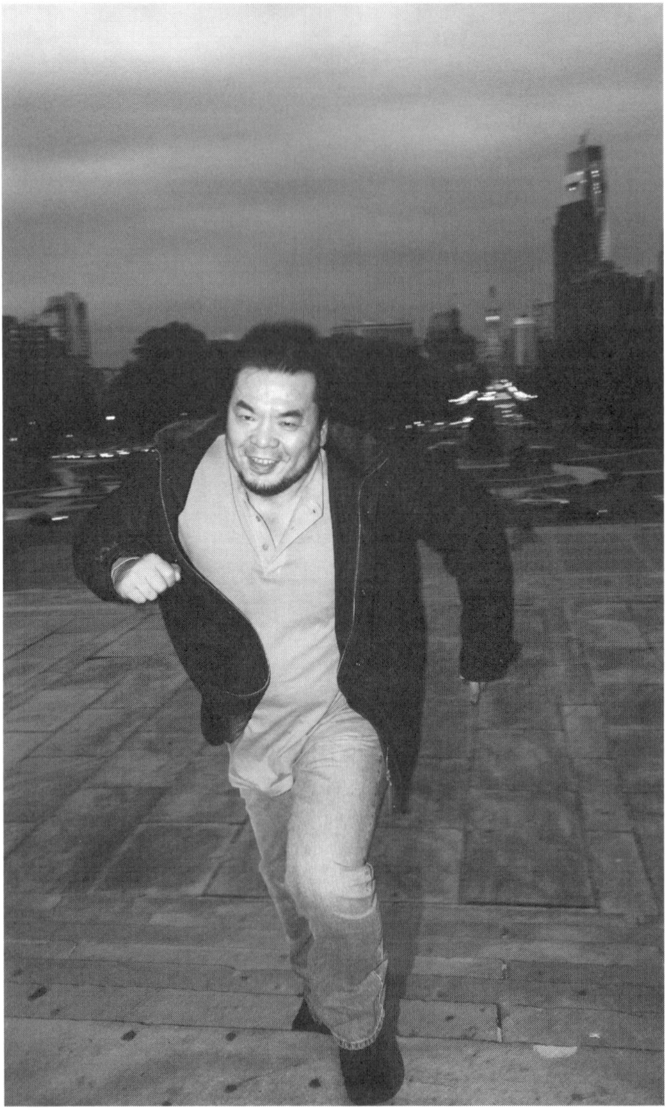

解説

三沢光晴選手が日本を代表するプロレスラーであることは、誰もが知っていると思います。
　また、プロレス団体「プロレスリング・ノア」を旗揚げし、経営者としてベテランから若手までたくさんのレスラーをまとめていたわけですから、その指導力やビジネス力についてもすぐに想像がつくはずです。
　しかし、三沢選手が厳しいばかりの人ではなく、かなりのユーモア好きで、たぐいまれなる心のあたたかさや大らかさの持ち主であったことは、プロレスファンや関係者以外にはあまり知られていなかったのではないでしょうか。
　本書には、そんな三沢選手のよく知られた魅力から知られざる魅力までが、余すところなくあふれています。

　本書は、よくあるスポーツ選手のインタビュー集やゴーストライターによる手記ではありません。三沢選手自身が、基本的には2週間に1回、ときには1週間に1回、日記形式でコツコツと書き続けてきた、正真正銘、本人自身の手によるエッセイなのです。
　よりくわしく言えば、日記形式は2005年11月4日から2008年9月19日まで。それに2009年元旦の年頭コラムなど、いくつかのスペシャルバージョンが加わっています。
　これらの文章は主に、プロレスリング・ノア携帯公式サイト『プロレス/格闘技DX』の「ノア航海日誌」というコンテンツに掲載されていました。
　この「ノア航海日誌」は、主要な選手たちがふたりずつペアになり、1週間に1度、曜日を決めてどちらかが執筆する、とい

うスタイルで現在も続いています。選手たちは自分の日記のタイトルを決め、あとは試合のことや趣味や家族、ほかの選手との交友などを写真つきで書き、最後には必ずペアの相手から先週、投げかけられた質問に答え、相手にも新しい質問を出します。選手の素顔や心のうちがわかる貴重な場で、毎晩0時の更新を楽しみにしているファンも多いことでしょう。

　三沢選手は、「ノア航海日誌」のスタート当初から執筆メンバーに選ばれました。「サイトでのサービスが始まるにあたり、社長の日記は外せないでしょう」という運営側の要望も大きかったようですが、本人も「ふだんの試合リポートなどでは伝えられない日常やファンの方への気持ちを伝えられれば」とおおいにやる気を見せていたそうです。

　自らつけたタイトルは、「ドンマイッ」（リニューアル後に「ドンマイ　ドンマイッ」）。本書の冒頭にもあるように、その理由は「自分自身や落ち込んだり悩んだりしている友だちに『ドンマイッ』って言えるよう」。

　人生の"勝ち組"にではなく、傷ついたり迷ったりしている人に、そっと「まあ、気にするなよ、ドンマイッ」と言って励ましてあげたい。こんな思いから始まった連載は、その言葉通り、居酒屋で隣の席に座った三沢選手が「ふー、いや暑いね、まったく。この2週間はこんなでさ……どう、そっちは？」と話しかけてくれるかのような親しみやすい調子で続いていきます。鼓太郎、一平など、当時の付き人を中心としたレスラーたちの固有名詞や内輪ネタも多数、登場しますが、何の予備知識がなくても思わず「ぷぷっ」と笑ってしまうような愉快なエピソード

が中心なので、プロレスを知らなくても大丈夫です。

ペアで進行する「ノア航海日誌」、最初のお相手は、小橋建太選手でした。

小橋選手といえば、三沢選手と並ぶ人気者のトップレスラー。長い付き合いのふたりのかけ合いを、ファンはおおいに期待したはずです。しかし、交換日記形式のやり取りは、2006年の6月で終了し、その年の7月からは三沢選手が毎週、執筆することになりました。小橋選手の腎臓に腫瘍が見つかり、手術をして長期欠場することとなったからです。

そのときの日記には、冒頭で「小橋のことは皆さんもご心配かと思います。(中略)こういうときだからこそ、普段通りというか、それ以上に頑張っていきますので、皆さん、変わらぬご声援お願いいたします」とごくシンプルに状況の報告があり、あとは「ということで、始めますか。ちあーっす」といつものリラックスした"三沢口調"に戻ります。

そして、小橋選手が復帰するのは翌年、2007年の12月。その頃には三沢選手の"交換日記"の相手は、ひとりの選手ではなく合宿所で生活する若手レスラーたちに交替していました。

小橋選手の復帰直後の日記では、「本人にとってもたくさんのファンの方の声援を受け、これからの活力になったと思います。本人に代わって御礼申し上げます」と書いた後、自分で自分にツッコミが入ります。「あれ？ 今回はマジメに終わってしまいそうで、自分の中で"真面目バージョンかよ！"という声が聞こえてきます」。そして、また映画の話や正月の過ごし方など、いつものなごみモードの話が展開。

解 説

　もちろん、スター選手の闘病、長期の欠場と復帰に対して、経営者としてもレスラー仲間としても思うこと、語りたいことは山ほどあったと思うのですが、「深刻になりすぎるのはオレらしくもないし、みんなもそんなの、望んでないだろ。ま、肩の力を抜いていこうよ、ドンマイッ!」というのが、三沢選手の変わらぬ信念だったのだと思います。そして、ファンも選手たちもその姿勢にどれほど救われ、勇気づけられてきたことでしょうか。

　ここで本書が出版されることになった経緯を、ちょっぴり私自身の個人的な話が交ることもお許しいただきながら、お話させていただこうと思います。
　ご存じのように、三沢光晴選手は2009年6月13日、試合中の事故によりこの世から天国へと旅立ちました。まだ46歳の若さでした。
　ものごころついた時からずっとプロレスファン、それも熱烈なジャイアント馬場さんファンであった私は、馬場さん亡き後、古巣の全日本プロレスから独立した三沢さん率いる団体プロレスリング・ノアに対してわだかまりがあり、どうしてもその試合を観戦することができずにいました。
　しかし、ニュース速報で三沢選手の事故の第一報を知った瞬間、レスラーとしてそしてプロレス界の牽引車として三沢光晴という人がいかに大きな存在であったか、私のわだかまりがいかにくだらないものであったかに、いやでも気づかされることになりました。私は居ても立ってもいられなくなり、その翌日、船長を失ったにもかかわらず航海を続ける決意をしたノアの

251

博多大会に出かけました。それが私のノア初観戦となりました（実は2000年の旗揚げの日も、会場のディファ有明の外に設置されたパブリックビューイングを見に出かけたのですが、それは観戦ではなくて"偵察"でした）。私は残された選手たちの渾身のファイトに心から感動し、同時に深い悲しみにとらわれました。

それから私は、三沢選手のインタビューや書いた文章を集めては読むようになり、間もなく『ドンマイ ドンマイッ』のバックナンバーにたどり着いたのです。この携帯サイトはときどきチェックしていましたが、くだらないわだかまりにとりつかれていた私は、選手たちが書いた「ノア航海日誌」には目を通さないようにしてきました。だから、私にとってはすべてがまったく初めて読む文章でした。

第1回目を読み始めるやいなや、私はこの三沢選手の肉声が伝わってくるような文章に、心をすっかり奪われてしまいました。

それからの何日間かというものは、「えー、潮崎選手ってあんなにイケメンなのにやっぱりオタクなんだ……フフ」とファンモードに戻ったり、体調の悪い中での「"今できること"にはチャレンジし続けたい」という決意表明に「私もがんばらなきゃな」と元気を出したり、「へこんだときにはぜひノアを見て元気になってもらえれば」という言葉にしんみりしたり、けっこう頻繁に出てくる「ウ×コ」などのややお下品な単語に「ゲゲー」と顔をしかめたり……。なぜ私は三沢選手の文章をこうしてまとめて読んでいるのか、ということさえ忘れて、私は

笑ったりうなずいたりホロッとしたりしながら、夢中で約3年分の日記に浸ってしまったのです。

最終回を読み終わるときには、私ははっきりとこう決めていました。「このすばらしい文章を、ぜひ多くの人たちに読んでもらいたい。三沢選手からの慰め、励ましを待っている人たちは、きっと大勢いるはずだ！」

それは、悲しみに暮れていた私にとって、闇の中に灯った小さな希望の光でした。

それから私は、大いなる希望を抱いて若い人たちががんばっている出版社、ミシマ社に自分の思いを話しました。三沢社長と一字違いの三島社長は、本人も相当のプロレス好きです。バックナンバーを読んですぐに、「これはすごい！ 文学の域に達してます、ぜひやりましょう！」と快諾。

もちろん、プロレス界とはつながりのない私たちが、三沢選手の遺した貴重な文章を本にしたい、などと言い出してもはたして許してもらえるだろうか、という不安もありました。ところが、携帯サイトを運営するジグノシステムジャパン株式会社、株式会社プロレスリング・ノア、そして三沢夫人、みなさんが私たちの企画の主旨をよく理解くださり、出版化の承諾をいただくことができました。

その後はミシマ社の三島さんと原稿を読み込み、「脚注をつけようか」「固有名詞は省いたほうがよいだろうか」などと検討を重ねたのですが、結局、「何も手を加えずそのままいこう」ということになりました。何より三沢選手の語りかけるような文体を大切にしたかったから、そして冒頭でも記した通り、たと

えファン以外にはわからないプロレス用語や選手名が出てきたとしても、誰にでも違和感なく読めるよう、三沢選手は十分に配慮して書いていたからです。

　それにしても何度、読み返しても感心するのは、同じ目線の高さから、ときには自分のドジなエピソードを、ときには読み手をじんわり励ますようなメッセージを自在に語ることのできる三沢選手のしなやかな文章力です。少年時代はラジオファンだった、という説もありますが、たしかにその文体は、夜更けに孤独な若者の心にそっと届く深夜放送の語り口調にも似ています。

　2008年の9月19日付、日記の最終回には、「この日記も日々の試合も自分の思いは同じ」といった話で締めくくられています。
「少し落ち込んだ時も夜中に更新されるこの日記を読んで、ちょっとでも嫌なことを忘れて寝たり、翌日を迎えてもらえれば」
「毎日小さな壁にぶつかったり、大きな悩みを抱えて頑張っている人たちに、プロレスを観て少しでも前向きな気持ちになってもらいたいと願って、できるかぎりいろいろな場所にお邪魔して試合をしています」

　人生はしんどい。落ち込みや悩みもつきものだ。でも、そんなときでも生活の中にちょっとした喜びや楽しみを見つけて、また顔を上げて歩いていこう。みんなにそう思ってもらえるように、自分も辛くても前向きにがんばっていきたい……。
　そんな三沢選手の思いは志半ばで途絶えたように見えますが、それは違います。

解　説

　三沢選手自身は別の世界に旅立ち、その試合を直接、見ることはできなくなりましたが、遺された言葉が、こうやってまた新たに私たちを励まし、勇気を与え続けてくれるのですから。
　私もミシマ社の三島社長も、旅立ちの後の三沢選手から与えられた力で、こうして本書を完成させることができました。これまで接点もなかった方々との結びつきもできました。株式会社プロレスリング・ノア、ジグノシステムジャパン株式会社、何より三沢夫人をはじめとするご家族のみなさまには、この場を借りて心から感謝を申し上げます。本当にありがとうございました。

　ひとりでも多くの方が本書を読んで、三沢選手からのあたたかく力強い"魂の励まし"を受け取ってくれることを願ってやみません。
　そして、悲しいとき、辛いとき、嫌なことがあったときには、三沢選手のあのちょっと照れたような笑顔を思い出しながら、いっしょにつぶやきましょう。
「ドンマイ ドンマイッ!」
　そうしたら、きっと明日からもまた歩いて行けるはずです。

　　　　　　　　　　　　　　　　　　特別発行人　香山リカ

三沢光晴
みさわ・みつはる

1962年6月18日北海道夕張市まれ、埼玉県越谷市にて育つ。学生時代にアマチュアレスリングを経験し、国体で優勝。高校卒業後は全日本プロレスに入門。入門からわずか5カ月でデビュー戦のリングに上がるなど早くから頭角を現し、その後は全日本プロレスが管理する全ての王座を獲得。田上明、小橋建太（当時：健太）、川田利明と共に一大ブームとなった四天王時代を築き日本マット界のエースに。決して妥協を許さないファイトスタイルを貫き、激しい試合を繰り広げる。その後2000年7月、理想のプロレスを目指してプロレスリング・ノアを設立。プロレス界に新たな流れを生んだ。2000年8月の旗揚げ戦では選手自身に自由な発想と強い信念をもってほしいとの思いから、「自由と信念」をキャッチフレーズに掲げる。その後一貫して選手の意思を尊重すると同時に、所属選手・社員の健康診断を義務づけることで選手の体調管理を徹底するなど、環境整備にも尽力した。2009年6月13日広島大会試合後に急逝。

初代、第5代、第11代GHCヘビー級王者　2007年プロレス大賞最優秀選手賞受賞
著書に『理想主義者』（ランダムハウス講談社文庫）などがある。

ドンマイドンマイッ！
プロレスラー三沢からのメッセージ

2010年6月13日 初版第一刷発行
2010年6月18日 初版第二刷発行

著者
三沢光晴

特別発行者
香山リカ

発行者
三島邦弘

発行所
（株）ミシマ社
郵便番号 152-0035　東京都目黒区自由が丘2-6-13
電話03-3724-5616　FAX03-3724-5618
hatena@mishimasha.com　URL http://www.mishimasha.com/
振替00160-1-372976

印刷・製本
藤原印刷（株）

ブックデザイン
鈴木成一デザイン室

©Mitsuharu Misawa Printed in JAPAN
本書の無断複写・複製・転載を禁じます。ISBN978-4-903908-19-9